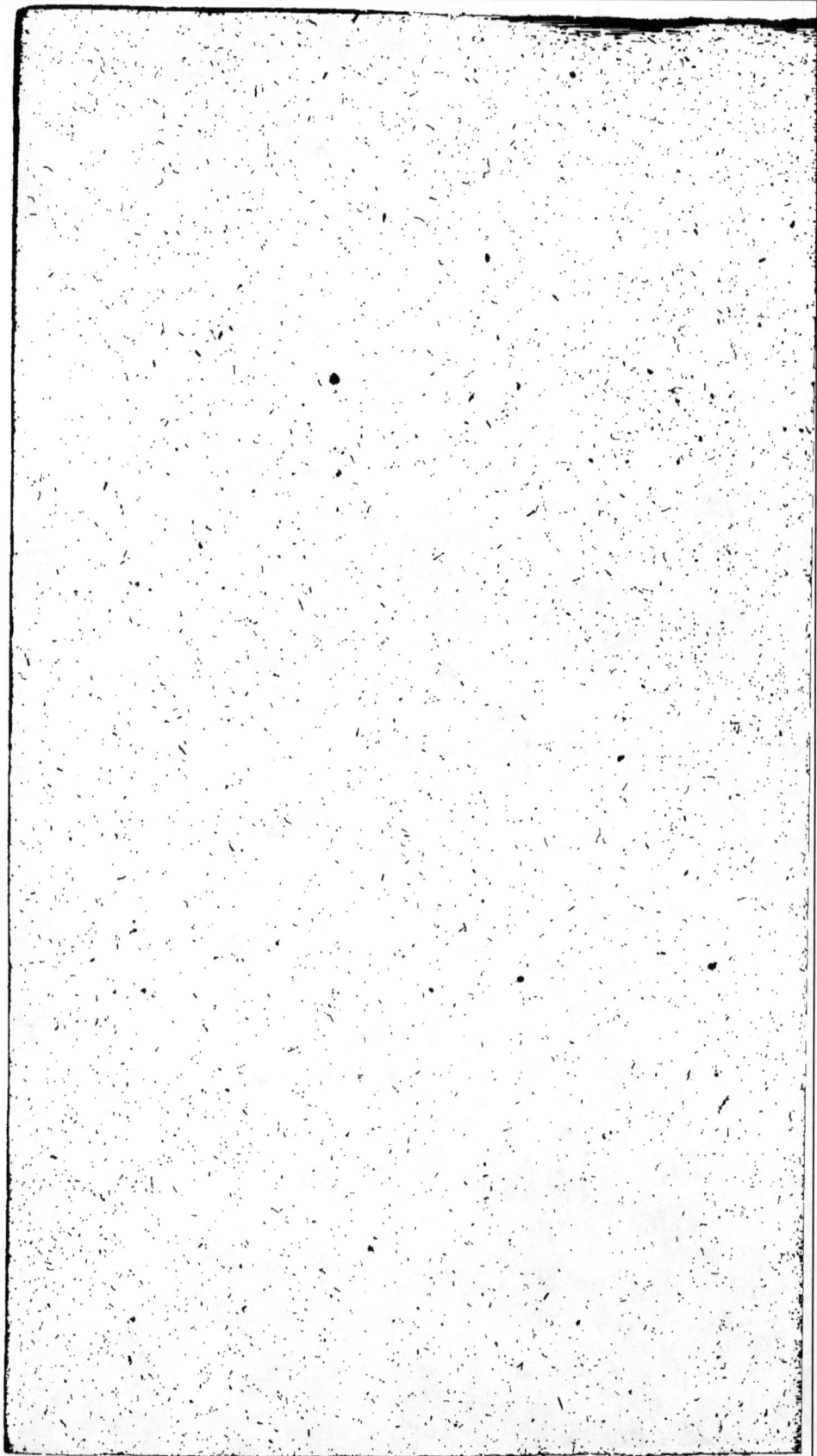

PETIT LIVRE

DE

LECTURE COURANTE

DESTINÉ

A FAIRE SUITE AUX MÉTHODES DE LECTURE LES PLUS
RÉPANDUES DANS LES ÉCOLES PRIMAIRES,

Par L. Frétille,

Directeur de l'École Normale primaire du Gard, et auteur de plusieurs
ouvrages élémentaires.

—

SECONDE PARTIE.

NIMES.

Louis GIRAUD, Boulevart Saint-Antoine.

—

1855.

Tous les Exemplaires doivent être revêtus de la griffe de l'Auteur.

•

PETIT LIVRE

LECTURE COURANTE[1].

1. — Louable émulation.

Charles et Théodore venaient d'entrer ensemble en pension. Tous deux d'un caractère
doux, prévenant, affectueux, et d'une conduite
exemplaire, ils n'eurent pas de peine à se
comprendre, et furent tout d'abord liés de la
plus étroite amitié. Ils suivaient la même classe
et étaient à peu près de la même force. Loin de
songer à s'effacer l'un l'autre, ce qui eût été
contraire au sentiment qui les unissait, ils se
venaient en aide, et joignaient leurs efforts pour
surmonter les difficultés qui pouvaient les arrêter. Lorsque le professeur hésitait sur la
préférence à donner à leur composition, tous
deux s'empressaient de le tirer d'embarras. —
« En regardant plus attentivement, disait l'un,
vous trouverez que Charles a mieux fait que
moi, j'en suis persuadé. — Oh! disait l'autre,
j'ai reconnu que mon travail est défectueux en

[1] Nous conseillons à MM. les Instituteurs de faire lire alter-
nativement cet ouvrage et les *Secondes Leçons de lecture.* Ce sera
un excellent moyen de varier l'enseignement et de soutenir
l'attention des élèves.

plus d'un endroit ; Théodore n'aura pas eu de peine à me passer. » Le vainqueur triomphait à regret, et le vaincu était plus heureux que son ami.

L'application des deux condisciples était si grande, leur exactitude si remarquable, ils apportaient tant de conscience dans leurs devoirs, qu'ils firent des progrès incroyables, et qu'à la fin de l'année scolaire, ils obtinrent ensemble les premières places et se partagèrent les premiers prix. On n'avait pas encore vu dans la maison d'élèves si distingués sous tous les rapports ; aussi, contre l'usage, on leur décerna solennellement un prix d'honneur de plus.

Dans les cœurs bien nés, l'émulation [1] ne dégénère pas en jalousie, et n'empêche pas les bons élèves de s'aimer entre eux.

---

2. — Reconnaissance.

S'il est des enfants ingrats qui oublient vite les personnes qui se sont occupées de leur éducation, il en est d'autres aussi qui savent en garder le souvenir, et pour qui la reconnaissance est un des devoirs les plus doux à remplir. Pour

[1] Sentiment qui excite à égaler ou à surpasser quelqu'un en quelque chose.

vous en donner une idée, mes enfants, je vais vous lire une lettre que l'on m'a communiquée et qui fait honneur à la jeune personne qui l'a écrite :

MADAME,

Quoique je sois rentrée auprès de ma famille et que j'aie retrouvé les caresses d'un père et d'une mère chérie, je n'oublie point les soins que vous avez donnés à mon instruction, jusque-là si négligée. J'apprécie de plus en plus vos efforts pour corriger mes mauvaises inclinations et me faire aimer et pratiquer mes devoirs. Je vous remercie surtout de la patience avec laquelle vous me pardonniez mes fautes. Que de fois, hélas! il m'arrivait de m'oublier et de m'écarter de la voie où j'aurais dû marcher toujours pour être une bonne élève et justifier vos bontés! Je sens maintenant tous mes torts et j'en suis pleine de confusion! Quand serai-je en état de m'acquitter envers vous? Jamais, sans doute, car il est des services d'une nature telle que l'on ne saurait rien trouver en compensation. Mais je prierai le ciel de suppléer à mon insuffisance; je ne cesserai jamais d'appeler sur vous ses bénédictions, et, si vous jouissez un jour du bonheur qui vous est si bien dû, j'aurai vu se réaliser le plus ardent de mes vœux.

Agréez, Madame, l'expression de mes sentiments respectueux et reconnaissants.

Votre élève toute dévouée,
ANNA.

Cette lettre, vous le voyez, mes enfants, témoigne d'un bon cœur ; rappelez-vous les sentiments qui s'y trouvent exprimés, et que l'exemple d'Anna trouve chez vous des imitatrices.

3. — Suites de la paresse.

C'était à la campagne, vers le soir. Un fermier, le bon Gervais, assis devant sa porte avec ses enfants, leur parlait des travaux qui devaient occuper la journée du lendemain, quand un homme dans toute la force de l'âge et doué d'une santé robuste, s'arrêta près d'eux et leur offrit des objets de papier découpé, espérant en retirer quelques sous et un morceau de pain. C'était à peu près tout ce que cet homme savait faire pour gagner sa vie. Or, on conçoit qu'il ne devait pas gagner grand'chose ; peu de gens se soucient de pareilles futilités : aussi sa misère était-elle grande. Et pourtant ceux qui le connaissaient ne le plaignaient guère. Il avait été placé par sa naissance beaucoup au-dessus de la classe indigente ; on le savait, — et en faisant usage de ses talents et de ses ressources, il aurait pu se suffire sans peine et même fournir aux autres les secours qu'il mendiait pour lui. Mais malgré tous les moyens

qu'il avait eus de s'instruire et de se créer
une honnête position, il n'avait jamais écouté
que son penchant à la paresse et au plaisir ;
il était resté dans l'ignorance et avait fini par
dissiper tout ce qu'il possédait.

Le fermier, qui connaissait l'histoire de cet
homme, le pria de la raconter lui-même à ses
enfants, pour qu'ils en retirassent quelque
profit. Et, comme il l'avait espéré, elle produisit une impression profonde sur l'aîné, qui,
naturellement léger et peu laborieux, avait
besoin d'une pareille leçon. Il rougit de ressembler en quelque chose à l'espèce de mendiant
qu'il avait devant les yeux, prit la ferme résolution de fuir la paresse et le désœuvrement,
et, depuis ce jour, ne donna plus que de la
satisfaction à son excellent père.

4. — Jalousie.

Emilie se conduisait beaucoup mieux que
sa sœur Léontine : douce, obéissante, em-
pressée auprès de ses parents, elle ne laissait
échapper aucune occasion de leur être utile ou
agréable. Son père et sa mère lui montraient
aussi plus de satisfaction ; et cela était aussi
juste que naturel : comment ne pas s'attacher
à un enfant docile, prévenant, et qui semble
mettre son bonheur à vous faire plaisir ?

Léontine était jalouse de ces préférences, et elle ne le montrait que trop à sa sœur. Elle se servait souvent envers elle de paroles aigres, blessantes, et la contrariait à tout propos. Les parents en étaient affligés : cette malheureuse disposition, chez leur enfant, était bien faite pour leur causer des inquiétudes sérieuses. Léontine elle-même en souffrait encore plus qu'eux, car la jalousie tourmente ceux qui en sont atteints et empoisonne leur existence.

Sa marraine lui adressait de continuelles représentations à ce sujet; elle lui indiquait le moyen de faire cesser son chagrin et de se mettre aussi bien que sa sœur dans les bonnes grâces de ses parents. « Veille sur toi, mon enfant, lui disait-elle; défais-toi de cette humeur chagrine qui ne sied à personne; sois plus prompte à obéir; montre-toi plus prévenante envers ton père, plus douce envers ta sœur; crois-moi, tu ne pourras qu'y gagner. »

Léontine comprit enfin le conseil de sa marraine; elle travailla à se corriger de ses défauts, et y réussit si bien, qu'elle n'eut plus à se plaindre des préférences accordées à sa sœur. La tendresse de ses parents fut la récompense de ses efforts.

5. — Leçon d'un Fermier à son Fils.

Bastien, quoique enfant, commençait à prendre part aux travaux de la campagne. Formé par les leçons de son père, il maniait assez bien certains instruments aratoires [1], et le moment approchait où il pourrait être de quelque utilité dans la ferme. Mais Bastien avait une trop haute opinion de lui-même ; il se vantait toujours, et toujours il trouvait à redire sur les ouvriers de la maison. L'un en cherchait trop long pour atteler un cheval ; un autre ne savait pas enfoncer le soc dans la terre à une profondeur convenable ; un autre, en émondant [2] un arbre, ne se bornait pas à en retrancher le bois mort. Pour Bastien, c'était autre chose : rien n'était difficile, tout ce qu'il faisait était bien fait. Par malheur, il était le seul à être convaincu de son mérite : personne n'y croyait.

Le père de famille, quelque faible qu'il fût pour son fils, ne tarda pas à s'apercevoir de son amour-propre exagéré, et il résolut de lui donner une leçon dans l'espoir de le corriger. Il le conduisit, un soir d'été, près d'un champ de blé qu'on allait moissonner, car il montrait tous les signes de la maturité.

[1] *Aratoire*, qui sert à l'agriculture.
[2] *Emonder*, retrancher d'un arbre les branches nuisibles ou inutiles.

1.

— « Remarque, mon fils, lui dit-il, quelle différence il y a entre les épis : tous sont mûrs, et pourtant les uns sont tout droits, tandis que les autres sont courbés vers la terre. Cueilles-en un de chaque espèce ; comptes-en les grains, et dis-moi quel est celui qui en contient le plus.

— Mon père, répondit bientôt l'enfant, c'est l'épi courbé, car l'autre est à peu près vide.

— Je le savais. Dis-moi maintenant quels sont ceux parmi nous, qui, comme les épis vides, lèvent le plus la tête. »

Bastien comprit où son père voulait en venir.

— « Papa, dit-il en rougissant, ce sont les orgueilleux et les sots.

— Bien répondu, reprit le père. En effet, celui qui a du mérite est ordinairement modeste ; il n'y a que les sots qui se croient supérieurs aux autres. Que cette leçon ne soit pas perdue pour toi. »

6. — Éléonore.

Éléonore s'occupait fort peu de sa parure : elle avait pourtant atteint cet âge où une jeune fille commence à regarder sa toilette comme une affaire très-importante. Au lieu de se bro-

der une foule d'objets dont l'utilité est au moins
contestable, elle consacrait la majeure partie
de son temps à travailler pour les pauvres. Elle
faisait avec beaucoup d'habileté les chemises
d'enfant, les brassières, les blouses, les robes
même ; on l'eût prise pour une ouvrière déjà
expérimentée.

Dans le voisinage, demeurait une veuve
chargée de deux petites filles, et qui était dans
la plus grande misère. Eléonore, avec l'agrément [1] de ses parents, allait tous les jours faire
une visite à cette pauvre femme, pour lui porter les objets de première nécessité. Sa charité
ne s'arrêtait pas là : les deux enfants étaient
pour elle l'objet d'une sollicitude [2] presque ma-
ternelle. Elle leur enseignait le catéchisme pour
les préparer à leur première communion ; elle
leur apprenait aussi à tricoter, à coudre, à bro-
der, à faire divers ouvrages qui demandent
plus ou moins d'adresse, et leur fournissait ce
qu'il fallait pour les exécuter. Grâce à ses
soins, les petites filles firent de grands progrès
et gagnèrent bientôt quelque argent. Plus tard,
quand elles eurent fait leur première communion, leur jeune bienfaitrice parla d'elles à des
personnes de sa connaissance et leur procura du
travail.

La pauvre famille sortit ainsi peu à peu de son

---

[1] Le consentement.
[2] *Sollicitude*, soin affectueux.

ancienne misère et parvint à se suffire à elle-même. Eléonore, en recueillant les bénédictions de ses protégées, éprouvait une joie difficile à décrire, et elle remerciait le ciel d'avoir soutenu ses efforts et sa persévérance.

Les plus nobles jouissances sont dans la pratique de la charité.

———

7. — Danger de l'étourderie.

Edouard et Alfred étaient allés tous deux au jardin après leur dîner pour prendre un peu de récréation. Ils y étaient seuls et jouissaient d'une entière liberté. Edouard, comme à l'ordinaire, s'occupait de son parterre et de ses plates-bandes : il arrosait ses marguerites, ses scabieuses, il redressait ses beaux dahlias et y mettait des supports ; il recueillait aussi diverses graines, afin de les conserver pour l'année suivante.

Alfred, qui avait de tout autres goûts, s'amusait à jeter des pierres contre un noyer, pour en abattre des fruits dont il emplissait ses poches.

— « Prends garde, lui dit son frère ; la route passe derrière l'arbre ; tu le sais bien : tes pierres pourraient faire du mal à quelqu'un. »

Mais, au lieu de tenir compte de cet avertissement, l'étourdi, qui ne pensait qu'à ses noix, continua de plus belle. Bientôt on entendit sur le chemin un cri de douleur et une chute qui annonçait un grave accident dont il était aisé de deviner la cause.

Edouard s'élança aussitôt hors du jardin, et trouva, étendu par terre, un vieillard blessé à la tête, et baignant dans son sang. Emu de compassion, il courut à la maison chercher de l'eau fraîche et du linge; il en apporta aussi une liqueur spiritueuse dont quelques gouttes rendirent les forces au vieillard. Alors le jeune homme se mit en devoir de panser la plaie. Il en étancha le sang [1] avec précaution, y appliqua une compresse, et eut le bonheur de mettre le blessé à même de continuer sa route.

Quant à Alfred, tremblant de tous ses membres et honteux de sa conduite, il n'avait pas osé se montrer.

Si l'on réfléchissait sérieusement aux regrets que peut causer l'étourderie, on se hâterait bientôt de se corriger d'un défaut qu'une grande jeunesse même ne saurait justifier entièrement.

8. — Babil.

« Quelle enfant désagréable que cette petite Sara ! Elle parle la plupart du temps sans savoir

[1] *Etancher le sang*, en arrêter l'écoulement.

ce qu'elle dit ; mais c'est égal, rien ne peut
arrêter sa langue. La sotte enfant ! »

C'est à peu près en ces termes que parlent de
Sara toutes les personnes qui la connaissent ;
et, il faut en convenir, c'est justice, car il n'est
guère de petites filles aussi babillardes qu'elle.
Je la connais moi-même, et je puis vous assurer que, quand il vient des visites chez ses parents, on est parfois obligé de la faire sortir du
salon ; autrement elle rend la conversation impossible : elle interrompt tout le monde ; elle
prend la parole sur des choses qu'il n'est pas
permis de savoir à son âge, et où de grandes
personnes même croiraient devoir garder le silence. Il y a de quoi en être confus. Puis,
comme elle dit sans réserve tout ce qui lui passe
par l'esprit, et qu'elle comprend rarement la
portée de ses paroles, il arrive souvent que, sans
en avoir l'intention, elle blesse les autres par des
révélations [1] fâcheuses. En rapportant des choses
qu'elle n'avait pas toujours bien entendues, elle
a troublé plus d'une fois la bonne harmonie [2]
qui régnait dans la famille ; et plus d'une fois
aussi, ses indiscrétions ont valu des désagré-
ments à sa mère, qui a fini par renoncer à
l'emmener avec elle.

[1] *Révélation*, action de révéler, de faire savoir une chose qui
était inconnue et secrète.

[2] *Harmonie*, concorde, bonne intelligence entre des personnes.

Malheureusement, Sara n'est pas la seule babillarde ; on voit bon nombre de petites filles qui le sont aussi, — moins qu'elle peut-être, mais encore beaucoup trop. Si vous en connaissez quelqu'une qui ait ce vilain défaut, mes enfants, montrez-lui quelles peuvent en être les conséquences ; tâchez de la corriger, et si vous y parvenez, vous lui rendrez à coup sûr un très-grand service, car c'est une des choses qui nuisent le plus à une jeune personne.

---

9. — Respect pour la vérité.

Julie montrait, dans ses paroles et dans ses actions, la plus louable sincérité [1], et, sous ce rapport, différait singulièrement de ses compagnes, qui avaient toujours quelque chose à taire ou à cacher. Elle ne fuyait pas seulement le mensonge, qui dit effrontément le contraire de la vérité, mais encore tous les détours qui la dissimulent [2] et qui ne sont qu'un mensonge déguisé avec plus ou moins d'art. Jamais elle ne se permettait une flatterie : elle détestait également ce qui est faux ou exagéré.

Elle était toujours bienveillante et polie dans

[1] *Sincérité*, franchise, qualité d'une personne qui est sans artifice, sans déguisement.
[2] *Dissimuler*, cacher.

ses propos, mais elle évitait de se servir des compliments d'usage, qui disent souvent autre chose que ce qu'on pense.

Comme elle était vive et même quelquefois étourdie, il lui arrivait de temps en temps de casser ou de gâter de la vaisselle, de petits meubles; chaque fois, elle s'empressait de se déclarer l'auteur de la faute, de peur qu'on ne l'attribuât aux domestiques de la maison. Quand elle entendait imputer [1] injustement quelque tort à des personnes absentes, elle ne manquait jamais de prendre leur défense; et, en cela, elle avait souvent besoin de beaucoup de courage : ceux qui médisent ou qui prêtent des charités aux autres [2] n'aiment guère à être contredits, et ils ne craignent pas de recourir à des paroles blessantes pour cacher leur confusion.

Imitons l'exemple de Julie; ayons toujours, comme elle, un profond respect pour la vérité.

––––––

10. — Henriette.

Henriette était une excellente enfant, mais elle était aussi très-joueuse et très-étourdie; il lui arrivait si souvent de déchirer ses robes, de perdre ses livres et ce qu'elle emportait à la pen-

[1] *Imputer*, attribuer à quelqu'un une chose digne de blâme.
[2] *Prêter des charités aux autres*, chercher à faire croire qu'ils ont dit ou fait quelque chose de mal qu'ils n'ont ni dit ni fait.

sion, de gâter ou de briser les objets qu'elle touchait, qu'elle entraînait ses parents dans des dépenses continuelles. Bien qu'elle eût été constamment avertie, elle retombait sans cesse dans les mêmes fautes, tant elle faisait peu d'efforts pour se corriger.

La veille du premier jour de l'an, sa mère, fatiguée de lui faire d'inutiles remontrances, lui mit sous les yeux le long état des dépenses que son étourderie avait causées pendant l'année, et lui signifia que, cette fois, pour la punir, on ne lui donnerait pas d'étrennes. Henriette, qui les aimait beaucoup, en ressentit une peine très-vive; mais lorsque sa mère ajouta que, par suite de ces mêmes dépenses, on était dans l'impossibilité de faire le présent ordinaire à Antoine, un ancien domestique qui avait long-temps servi la famille et qui était hors d'état de gagner sa vie, Henriette fondit en larmes, car, si elle était étourdie, elle n'en avait pas moins un excellent cœur. Sentant alors d'amers regrets, elle crut de son devoir de dédommager le vieux serviteur, qui lui avait toujours témoigné beaucoup d'affection. Du consentement de sa mère, elle lui porta une douzaine de francs qu'elle avait amassés pour acheter un objet de fantaisie, et, afin d'épargner à son père le chagrin de ne rien donner cette année-là au pauvre vieillard, elle pria Antoine de ne pas se présenter le lendemain à la maison.

Cette leçon produisit son effet sur Henriette ; elle devint dès-lors moins joueuse et plus raisonnable, plus réfléchie. Elle comprit que de petites fautes accumulées peuvent avoir des conséquences fort graves.

---

11. — La Mère de famille.

Deux enfants, Julien et Marie, venant un matin embrasser leur mère, comme de coutume, la trouvèrent encore dans son lit. Elle était malade, et son état même commençait à causer de l'inquiétude. Le médecin, qui était présent, leur recommanda le plus grand silence : « Votre maman a la fièvre, leur dit-il, elle souffre beaucoup de la tête : le moindre bruit pourrait la fatiguer davantage. N'approchez donc de sa chambre qu'avec précaution. » — Les enfants promirent, et tinrent parole, car ils étaient fort obéissants.

Dès ce jour, le ménage fut en souffrance : il n'y régnait plus le même ordre, la même propreté ; Julien et Marie même s'en ressentirent et ne furent plus aussi bien soignés. Il réfléchirent alors sur la cause de ce changement, et n'eurent pas grand'peine à la découvrir : « Que deviendrions-nous, disaient-ils, si notre pauvre maman venait à nous manquer ? » Et ils atta-

chaient un plus grand prix encore à la conser-
vation de celle qui leur était si nécessaire. Ils
s'affligeaient cependant de sa maladie par un
motif plus élevé : ils l'aimaient de tout leur cœur,
et ses souffrances leur arrachaient des larmes.
Aussi cherchaient-ils à l'envi [1] à lui témoigner
leur vive affection par une foule d'attentions
et de prévenances où se peignait leur excellent
naturel. Puis, tous les matins et tous les soirs,
ils adressaient au ciel une fervente prière; ils
suppliaient le Seigneur de prolonger les jours
de l'excellente mère qu'il leur avait donnée, et
promettaient en retour de faire tous leurs efforts
pour la rendre heureuse.

Le ciel daigna exaucer leurs vœux : le dixième
jour, la malade éprouva un mieux très-sensi-
ble, et elle entra bientôt en pleine convalescence [2].

---

12. — L'Instituteur et ses élèves.

Un digne instituteur aimait par-dessus tout
à se voir entouré de ses meilleurs élèves, qui,
de leur côté, regardaient comme la plus douce
récompense de se trouver avec lui.

Il leur faisait faire d'agréables promenades

---

1 *A l'envi*, avec émulation.
2 *Convalescence*, état d'une personne qui relève de maladie.

dans la campagne, leur donnait quelques leçons d'agriculture, et leur enseignait les noms et les vertus des plantes les plus communes et les plus utiles. Ainsi, en présence de la nature, il savait profiter des excellentes occasions qui s'offraient à lui, pour leur parler de Dieu, de sa toute-puissance et de sa bonté infinie ; et, par d'heureux rapprochements, par des comparaisons ingénieuses, il leur enseignait à devenir vertueux.

Un jour qu'ils étaient tous assis sur la lisière d'un bois, les élèves lui demandèrent comment on peut se défaire de ses mauvais penchants.

— « Je vous le dirai volontiers, mes amis, répondit-il ; toutefois, arrachez-moi auparavant les arbres que je vais vous indiquer. »

Et il leur en montra quatre d'âges et de grosseurs différentes.

Le plus jeune des enfants arracha d'une main le premier arbre, qui était fort petit, mais il eut plus de peine à déraciner le second, tout en y mettant les deux mains ; deux écoliers suffirent à peine pour venir à bout du troisième ; enfin, le dernier, qui était le plus gros, résista aux efforts de tous les enfants réunis.

— « Courage donc ! leur dit l'instituteur, pourquoi celui-ci n'aurait-il pas le sort des autres ?

— C'est qu'il est beaucoup trop gros, répondirent-ils ; nous aurions beau faire, il tient

au sol par des racines trop longues et trop nombreuses.

— Eh bien ! mes amis, ajouta le maître, il
en est de même de nos vices. Quand ils com-
mencent à germer dans notre cœur, il est facile
de les en arracher, pour peu qu'on veuille en
prendre la peine ; mais si nous les laissons pousser des racines trop profondes, nous essaierions
en vain de nous en délivrer. Il faut donc, de
bonne heure, veiller attentivement sur soi-
même. Pour vous, mes enfants, il importe surtout que vous écoutiez avec déférence les sages
avis de vos parents, de vos supérieurs, et que
vous vous hâtiez de les mettre à profit le jour
même, car qui sait s'il en serait encore temps
le lendemain ? »

13. — Jugement téméraire [1].

Des cris d'alarme partaient du côté de la rivière, et une foule nombreuse se pressait sur les
bords. Germain y courut pour en savoir la cause,
et aperçut une femme que le vent avait fait
tomber dans l'eau. Depuis quelques instants,
l'infortunée se débattait avec désespoir contre le
courant qui l'entraînait. Elle disparaissait et re-

[1] Jugement en mauvaise part, qui n'est pas fondé sur des
preuves suffisantes.

paraissait par intervalles ; mais ses forces diminuaient visiblement, et il était aisé de prévoir qu'elle ne tarderait pas à succomber. Cependant personne n'osait entreprendre de la sauver, tant la rivière était dangereuse, par suite d'un orage affreux qui avait eu lieu la veille.

Germain, jeune et plein de force et de courage, quitte son habit à la hâte, s'élance dans l'eau, va saisir la malheureuse femme par ses vêtements et l'entraîne au bord après des efforts presque désespérés. Là, avec l'aide de quelques autres personnes, il lui prodigua tous les secours qui se donnent en pareille circonstance, et eut le bonheur de la rappeler à la vie.

Le maire de la commune avait promis cinquante francs de récompense à quiconque sauverait un noyé ; mais jusqu'ici les plus pauvres mêmes n'avaient jamais songé à réclamer un salaire pour un acte que chacun regardait comme un devoir. Tout le monde croyait que Germain ferait de même : lui, fils du plus riche fermier de l'endroit, qu'avait-il besoin de cette modique somme ? On apprit pourtant le lendemain qu'il avait réclamé les cinquante francs. Alors chacun fit des commentaires [1] sur sa conduite. Le jeune homme avait l'âme sordide [2] : c'était à l'appât du gain et non à un mouvement de pure charité qu'on attribuait sa bonne action.

[1] *Commentaire* signifie ici interprétation maligne.
[2] *Sordide*, sale, vilain.

— Sans la récompense promise, il aurait eu
peur d'exposer sa vie. —S'il s'était si vite élancé
dans l'eau, c'est qu'il avait peur qu'un autre ne
le devançât. — Peut-être son père lui refusait-
il de l'argent. — Peut-être aussi était-il trop
dépensier. — Peut-être encore avait-il des det-
tes. — En un mot, on l'attaquait avec une ma-
lignité sans égale. Mais, deux jours après, on sut
qu'il avait porté les cinquante francs à la pauvre femme, et qu'il y avait ajouté de sa poche
une somme égale. A cette nouvelle, ses détrac-
teurs [1] changèrent de sentiment et de langage.
Germain avait donné l'exemple du plus géné-
reux dévoûment. C'était un digne jeune homme
qui méritait l'estime de tous. Personne ne taris-
sait en éloges sur son compte.

Une médaille lui fut décernée publiquement,
et les journaux de la ville voisine racontèrent sa
belle conduite.

Avec moins de précipitation, on éviterait bien
des jugements téméraires.

---

14. — Cruauté envers les animaux.

Paul ne passait pas pour méchant parmi ses
camarades; il vivait en bonne intelligence avec
tous et se plaisait même à les obliger. Mais, à

[1] *Détracteur*, celui qui parle mal de quelqu'un.

la campagne, il faisait du mal aux insectes, aux
lézards, aux petits oiseaux; il leur arrachait les
pattes, les ailes, les plumes, leur cassait la
queue, et il était enchanté quand il les voyait,
ainsi mutilés, se traîner avec peine et donner
parfois les signes d'une cruelle agonie. Cependant, sa mère lui faisait à ce sujet de vives et
fréquentes remontrances : « Crois-tu donc, mon
cher Paul, lui disait-elle, que ces pauvres bêtes
ne souffrent pas comme nous ? Tu montres un
bien mauvais cœur ! Je crains que le bon Dieu
ne te punisse sévèrement de traiter ainsi des
animaux qui sont aussi ses créatures. »

Mais le petit garçon ne pensait qu'à son amusement favori, et se souciait fort peu du sort de
ses victimes. Il voulut même s'attaquer aux
abeilles du jardin : il en attrapa plusieurs sur les
fleurs et les tourmenta avec un malin plaisir;
il se mit ensuite à en poursuivre d'autres. Cette
fois, il approcha trop de la ruche : sa présence
donna l'alarme aux abeilles, qui se mirent aussitôt en devoir de punir son audace. La plupart
se précipitèrent sur lui et le couvrirent de douloureuses blessures, qui lui firent enfler la tête
et le rendirent méconnaissable. Il eut alors le
temps de réfléchir sur les fâcheuses conséquences de sa cruauté envers les animaux, car ce
ne fut qu'avec beaucoup de peines qu'on parvint à calmer les douleurs aiguës causées par
les piqûres. — Sa mère n'eut plus besoin de re-

nouveler aussi souvent ses représentations, la leçon avait produit son effet ; il se corrigea enfin d'un défaut qui pouvait devenir plus grand encore. Celui qui éprouve du plaisir à faire souffrir les animaux, peut finir par être méchant envers les hommes.

---

15. — Clémence.

Le corps n'est pas seul à ressentir des maladies, l'âme a aussi les siennes, et ce ne sont pas celles qui font le moins souffrir, bien que leur guérison n'exige souvent de notre part qu'un peu de réflexion ; mais il semble qu'on se plaise à se rendre malheureux. En voici un exemple.

Clémence appartenait à une famille qui aurait dû lui inspirer la plus douce confiance. Sa mère était pleine de tendresse pour elle, comme pour ses sœurs, et celles-ci, quoique un peu espiègles, étaient, au fond, d'une douceur, d'une bonté extrême. Mais Clémence était devenue très-exigeante et très-susceptible. Elle s'offensait des paroles les plus innocentes, dont elle dénaturait le sens pour se tourmenter ensuite. Dès qu'on n'était pas de son avis, ou qu'on lui refusait quelque chose, elle s'irritait, croyant voir chez les autres un parti pris de la contrarier, de la faire souffrir.

2

On conçoit qu'avec des dispositions pareilles, elle devait avoir fréquemment l'occasion de prendre de l'humeur. Aussi devint-elle triste, taciturne [1]; elle versait des larmes en secret, et semblait ne se plaire que toute seule. Elle perdit peu à peu l'appétit et le sommeil, et tomba dangereusement malade. Oh ! une pensée bien coupable lui vint alors à l'esprit ! Elle se figura qu'on ne s'occuperait pas d'elle, ou, du moins, qu'on l'abandonnerait aux soins des domestiques : il n'était pas possible de pousser plus loin l'injustice ou l'erreur.

Cependant, quand elle vit sa bonne mère et ses sœurs, en proie au chagrin, passer les jours et les nuits entières auprès de son chevet, et ne la quitter que pour prendre le repos rigoureusement exigé par la nature; quand elle reconnut enfin de quelle sollicitude elle était l'objet, elle eut honte de sa conduite, avoua ses torts en pleurant, et s'efforça dès-lors de les réparer, en justifiant par ses caresses et ses prévenances l'affection qu'on n'avait jamais cessé d'avoir pour elle.

Si Clémence eût ouvert plus tôt les yeux, si elle eût pris la peine de réfléchir, cet heureux changement ne se serait pas fait si longtemps attendre; elle eût moins souffert, et n'eût pas causé tant de chagrin à sa famille.

[1] *Taciturne*, sombre, qui parle peu.

16. — Alexis.

Malgré leur peu d'aisance, M. et Mme Albert avaient fait de grands sacrifices pour mettre à profit les heureuses dispositions de leur fils Alexis. « Nous ne pouvons pas espérer laisser de la fortune à cet enfant, disaient-ils, mais avec de l'instruction, il parviendra à faire son chemin. »

Tandis qu'Alexis suivait avec succès les cours du collége, ses deux sœurs furent retirées de l'école bien jeunes encore et ne sachant que fort peu de chose. Leurs parents étaient hors d'état de faire face à des dépenses de jour en jour croissantes. Mais Alexis se montra bon frère, il consacra dès-lors tous ses loisirs à leur instruction. On ne le voyait jamais sortir avec les jeunes gens de son âge, tant il avait à cœur de se rendre utile à ses sœurs.

Quand il eut terminé ses études, on lui offrit une place de précepteur très-avantageuse. C'était plus qu'il n'eût osé espérer à son âge. Cependant il n'accepta qu'à la condition expresse de pouvoir disposer de deux heures tous les jours. Il put ainsi continuer d'instruire ses sœurs, qui, laborieuses comme lui, firent de rapides progrès, et obtinrent, avec distinction, leur brevet de capacité. Ainsi, grâce à leur frère, ces intéressantes jeunes filles purent désormais se suffire à elles-mêmes, et ce fut pour elles un véritable bonheur.

Mais Alexis n'était pas seulement bon frère,
c'était encore un excellent fils. Et l'on conçoit qu'il
ne pouvait en être autrement. Comment aimer
ses sœurs sans chérir son père et sa mère? Or,
ce qu'il avait fait jusque-là lui avait été dicté par
l'équité; il lui restait encore à acquitter une
dette de reconnaissance. Sa tâche n'était donc
qu'à moitié remplie; il le sentait bien, et il avait
à cœur de s'en acquitter jusqu'au bout. Devenu
professeur dans le collége où il avait fait ses
études, sa position, plus lucrative, lui fournit
les moyens d'adoucir le sort de ses bons parents,
dont les bras commençaient à être fatigués par
le travail. Ses sœurs, qui marchaient sur ses traces, ne tardèrent pas à pouvoir en faire autant,
si bien que M. et Mme Albert purent enfin jouir
d'un repos devenu nécessaire.

Qui pourrait dire quelle fut alors la joie
d'Alexis? Plus de préoccupation pour lui! Son
père et sa mère, dont la vieillesse lui avait plus
d'une fois causé de l'inquiétude, étaient désormais à l'abri du besoin : il n'avait plus qu'à
demander pour lui, pour ses sœurs, le travail et
la santé. Heureux les enfants qui savent ainsi
reconnaître tout ce que leurs parents ont fait
pour eux! Ce que leur cœur éprouve d'ineffa-
bles [1] jouissances est comme un avant-goût de
celles qui leur sont réservées dans le ciel.

[1] *Ineffable*, qui ne peut être exprimé par des paroles.

17 — La Charité sous les apparences de l'avarice.

M. Laurens jouissait d'une certaine aisance, qu'il devait principalement à son travail et à l'ordre qu'il avait toujours mis dans ses affaires. Pour que ses trois filles s'achetassent elles-mêmes une partie des objets nécessaires à leur entretien, et surtout pour qu'elles contractassent de bonne heure des habitudes d'économie, il leur donnait tous les trois mois une petite pension, en leur recommandant d'en faire le meilleur emploi possible.

Louise et Clarice, les deux cadettes, se passaient beaucoup de fantaisies, et la plus grande partie de ce qu'elles recevaient s'en allait en bagatelles dont elles s'exagéraient l'utilité. Euphrosine, l'ainée, n'avait presque rien acheté depuis six mois, et ses sœurs l'accusaient d'aimer l'argent et riaient de son avarice. Les parents mêmes commençaient à craindre qu'elle ne se laissât aller à un vice que l'on comprend jusqu'à certain point chez les vieillards, mais qui serait une sorte de monstruosité chez une jeune personne. Euphrosine crut donc nécessaire de dire que bientôt on serait édifié[1] sur ce point; et, comme elle méritait toute confiance, on ajouta foi à ses paroles.

[1] Satisfait.

Quelque temps après, on vit arriver à la maison une couturière portant de l'étoffe sur son
bras et conduisant deux petites filles en hail-
lons. Elle venait, disait-elle, se mettre aux or-
dres de Mlle Euphrosine, qui l'avait fait demander. La jeune personne conduisit l'ouvrière et
les pauvres enfants chez Mme Laurens, qui n'eut
pas besoin d'explication pour comprendre la
charité de sa fille. Elle loua hautement sa conduite et admira surtout sa discrétion.

M. Laurens fut bientôt instruit de ce qui
venait de se passer, et, s'adressant à Louise
et à Clarice, il leur dit : « Vous railliez votre
sœur quand elle mûrissait dans son cœur le projet de faire une bonne œuvre, et vous vous
croyiez bien sages en dépensant la majeure
partie de votre pension à des futilités : méfiez-
vous donc, à l'avenir, des jugements téméraires, et apprenez, par l'exemple d'Euphrosine,
comment la charité veut être pratiquée. »

18. — Les Amis de collége.

Edouard ne s'appliquait point à ses études.
Fils d'un riche gentilhomme, il pensait qu'avec
sa haute naissance, il n'avait pas besoin d'instruction. Mais, s'il travaillait peu, il faisait
beaucoup de folles dépenses. Rien ne lui coûtait :
friandises de toutes sortes, jouets d'un prix

extravagant, il achetait sans compter ; il pensait que la fortune de son père lui permettait de se passer toutes ses fantaisies. Dieu voulut cependant que, pour son bonheur, il s'attachât à l'un de ses condisciples que l'on citait comme le modèle des élèves. Maurice (c'était son nom) n'était pas riche, loin de là ; mais , ce qui vaut mieux, il était laborieux, sage, économe ; il comprenait le prix du temps comme celui de l'argent, et savait se faire aimer de ses camarades aussi bien que de ses maîtres. Doué d'un esprit insinuant[1], il parvint peu à peu à s'emparer de la confiance d'Edouard , et à lui faire comprendre que s'il fût un temps où la noblesse se montrait orgueilleuse de ne rien savoir, ce temps est fort loin de nous, et qu'aujourd'hui un titre et des richesses, loin de justifier l'ignorance, ne la rendent que plus méprisable aux yeux de tout le monde. Au reste, il ne se borna pas à des conseils. Edouard avait tant d'efforts à faire, qu'il pouvait bien céder au découragement ; mais Maurice l'aida dans ses études, et, par obligeance, par bonté d'âme, se fit son répétiteur.

M. de Saint-Ange remarqua le changement survenu dans les goûts et la conduite de son fils, et en ressentit une joie d'autant plus grande qu'il désespérait déjà d'en faire autre chose qu'un

[1] *Insinuant*, qui a l'adresse de s'introduire dans les bonnes grâces, dans la confiance de quelqu'un.

ignorant et un sot. Il résolut alors de prendre Maurice dans son hôtel, pour lui exprimer par là son estime et sa reconnaissance. Edouard en fût enchanté et y gagna beaucoup; car les conseils et l'exemple de son jeune ami l'animèrent d'une telle ardeur pour l'étude, qu'il mérita à son tour d'être compté parmi les bons élèves du collége.

Quant à Maurice, protégé par M. de Saint-Ange, il entra plus tard à l'école des mines et devint un ingénieur distingué.

---

19. — Natalie.

Quel dommage qu'avec une figure aussi intéressante, Natalie soit si contrefaite! Regardez : elle a l'épaule droite beaucoup plus grosse que la gauche, le dos voûté, l'estomac rentré, la poitrine ressérrée; on la dirait souffrante, elle fait peine à voir. Vous la plaignez de bien bon cœur, et pourtant, si elle est ainsi disgraciée, c'est en grande partie à elle-même qu'elle le doit. Son père, sa mère et ses sœurs ne sont point ainsi faits, et Natalie n'a pas eu de maladie sérieuse. D'où lui vient donc cette difformité qui afflige ceux qui la connaissent? — Son institutrice pourrait vous le dire : c'est qu'en dépit des recommandations qui lui ont été adressées, elle s'est toujours fort mal tenue.

En écrivant, elle avait constamment l'estomac appuyé; elle jetait ses pieds sous le banc,
avançait le coude droit bien au-delà du milieu
de la table, se tenait tout de travers, et approchait tellement son visage de son cahier qu'on
l'eût crue myope[1], bien qu'elle ait une excellente vue.

En causant, en jouant même, elle n'avait
pas une meilleure contenance. Ses condisciples
en riaient, et lui appliquaient un sobriquet[2] que
je me garderai bien de reproduire ici. Que de
fois son institutrice l'a prévenue, l'a grondée,
l'a punie même! Natalie s'observait un instant;
mais bientôt elle se laissait aller comme une
personne qui n'aurait pas la force de se soutenir.
Elle porte aujourd'hui la peine de sa noncha-
lance, de son inconcevable apathie; elle s'en
repent amèrement; elle voudrait y remédier,
mais il n'est plus temps. Elle aura beau faire,
elle ne parviendra pas à corriger ni même à
cacher un pareil vice de conformation.

Vous savez, mes enfants, que quand un
arbre est fort jeune, il est facile d'en courber
comme aussi d'en redressser la tige, et que,
quand il a atteint certaine grosseur, il garde la
direction qu'il a prise et romprait plutôt que de
plier.

Il en est de même des os qui soutiennent

[1] *Myope*, qui à la vue courte. — Un surnom.

2.

le corps. Dans l'enfance , ils sont encore peu
solides et prennent, sans trop de difficulté ,
la forme qu'on veut leur donner ; mais, avec
l'âge, ils acquièrent plus de consistance, et il
devient impossible de les redresser ou de les flé-
chir. De sorte que, par des soins bien entendus ,
on peut, dans de certaines limites , corriger
les vices de constitution d'un enfant ; mais
aussi, faute de précautions, ou par suite de
mauvaises postures trop prolongées, un enfant
peut devenir difforme à tout jamais.

Et c'est ce qui est arrivé à la pauvre Natalie.
Oh ! que de fois elle en pleure en secret !...

Veillez donc sur vous , mes enfants , dans
l'intérêt de votre conformation et de votre
santé peut-être. Tenez-vous toujours convena-
blement ; ne prenez aucune mauvaise attitude ;
écoutez attentivement les avis qu'on vous donne
à ce sujet , et appliquez-vous à les mettre en
pratique ; vous vous épargnerez pour l'avenir
d'amers regrets, qui ne sauraient remédier au
mal que vous vous seriez fait vous-mêmes.

20. — Influence du bon exemple.

Une voiture chargée de meubles avait versé
sur une borne en entrant dans une rue étroite.
Le charretier, on le conçoit, ne pouvait pas la
relever tout seul. Pendant qu'il se lamentait ,
plusieurs personnes vinrent à passer ; mais

toutes, sous divers prétextes, laissèrent le pauvre homme dans l'embarras. — « Je n'ai pas le temps de m'arrêter, disait l'une. — Il y aurait du danger à entreprendre de remuer ces meubles ainsi chargés, disait une autre. — Ma foi ! disait une troisième, encore moins charitable, tant pis pour lui ! Pourquoi est-il si maladroit ? Qu'il s'arrange ! »

Par bonheur, Gervais arriva avec son fils Baptiste, encore enfant : il s'arrêta et se concerta avec le voiturier sur la meilleure manière de s'y prendre pour réparer le mal. On dételа les chevaux, que le petit garçon retint par la bride, pendant que son père avec cet homme travaillaient à décharger une partie des meubles, pour qu'il fût plus aisé de remettre la charrette debout. Quelques passants survinrent. Entraînés par l'exemple de Gervais et de son fils, ils mirent la main à l'œuvre, et bientôt, grâce à leurs efforts réunis, la voiture, relevée et rechargée, fut en état de continuer sa route.

Cependant quelques objets avaient souffert dans la chute ; le bon Gervais, en prenant congé du charretier, lui glissa dans la main pour le consoler, une pièce de cinq francs qui devait payer une partie du dommage. L'enfant voulut imiter cette bonne œuvre, et donna de son côté, tout ce qu'il avait dans sa petite bourse.

Le père reprit alors son chemin, en disant à

son fils : « Tu vois, Baptiste, l'effet du bon exemple : rappelle-toi qu'il suffit souvent pour entraîner ceux qui semblent indifférents au malheur des autres. »

Baptiste se souvint, en effet, toute sa vie de ces paroles, et, comme son digne père, il montra en toute occasion l'exemple de la charité.

---

21. — Trait d'abstinence d'un enfant de cinq ans.

Voici, mes amis, une petite histoire qui ne laisse pas d'être touchante, et que vous écouterez, j'espère, avec intérêt.

C'était au milieu de l'hiver. Le froid se faisait rudement sentir ; la misère était grande, et la charité publique s'épuisait pour secourir les indigents, dont le nombre augmentait de jour en jour.

Un bon curé de campagne ayant appris qu'un de ses paroissiens, chargé d'une nombreuse famille, se trouvait dans le plus affreux dénûment, à cause de la rareté du travail et de la maladie de sa femme, appela auprès de lui les trois petits garçons de ce pauvre homme, pour leur faire prendre mesure d'habits. Les enfants, dont le plus jeune n'avait que cinq ans, arrivèrent au presbytère [1] transis, grelotants de froid ;

---

[1] Demeure du curé.

c'était pitié de les voir. On les fit approcher d'un bon feu, et l'on donna à chacun d'eux un gros morceau de pain et de la viande à proportion. Quelle joie pour ces infortunés ! Il faudrait, pour la bien comprendre, avoir, comme eux, souffert la faim.

Les deux aînés eurent bientôt achevé leur portion, tandis que le cadet n'avait pas encore touché à la sienne. Le curé s'en aperçut et lui dit : « Pourquoi ne manges-tu pas, mon petit garçon ? Est-ce que tu n'as pas faim ?

— Si fait, Monsieur, j'ai bien faim ; mais je veux garder mon pain et ma viande pour ma mère, qui est malade. »

Et comme l'enfant disait ces mots, ses yeux se remplirent de larmes.

— « Console-toi, mon petit, reprit le bon prêtre ; je n'oublie pas ta mère : elle aura sa part, mange la tienne.

— Non, Monsieur le curé, je veux la porter à ma mère, qui est malade.

— Encore une fois, ta mère aura ce qu'il lui faut. Et tiens, voici pour elle du pain et de la viande, tu le lui remettras toi-même. A présent, mange ce que je t'ai donné ; allons, mon enfant, allons !.....

— En ce cas, Monsieur le curé, je vais manger mon pain ; mais j'emporterai ma viande pour ma mère. »

Le digne ecclésiastique fut si touché des bons

sentiments du pauvre petit, qu'il ne put s'empêcher de le presser dans ses bras.

Vous admirez aussi, n'est-il pas vrai, mes
amis, la conduite de ce bon petit garçon, qui
aimait mieux sa mère que lui-même? Sachez
donc, dans l'occasion, montrer à la vôtre que
vous l'aimez autant, dût-il vous en coûter un
sacrifice. Vous la rendrez bien heureuse, et
vous ne le serez pas moins vous-mêmes.

---

22. — Lucie.

Lucie avait été élevée à Paris, dans le luxe
et au milieu des plaisirs du monde; mais par
suite d'un revers de fortune essuyé par ses parents, elle se vit forcée de chercher un asile
auprès d'une tante qui demeurait à la campagne.

Cette tante vivait très-simplement avec ses
deux filles. Toutes trois partageaient les soins
du ménage; elles recouraient rarement aux
couturières, aux modistes, et blanchissaient
elles-mêmes tout le linge fin à leur usage.

Lucie commença par trouver que ses parentes
n'avaient pas une mise assez à la mode, et que
leur mobilier était d'un goût par trop antique [1].
Elle ne s'arrangeait pas mieux de leur vie la-

---

[1] C'est-à-dire, passé depuis longtemps.

borieuse, à laquelle elle n'était point accoutu-
mée, et qui l'obligeait à se lever beaucoup plus
tôt qu'elle n'eût voulu. Cependant elle dut se
faire à ce qui lui déplaisait si fort : il fallait se
plier à la nécessité et imiter ses cousines, sous
peine de passer pour une jeune fille manquant
de bon sens et de savoir-vivre.

Sa tante tâchait d'ailleurs de redresser les
fausses idées qu'elle avait apportées. Elle lui
représentait que si l'instruction et la culture
des beaux-arts [1] ont une importance réelle, ces
choses n'occupent pourtant que le second rang
dans l'éducation d'une femme, car elles n'en
sont que le côté agréable : « Bien conduire une
maison, régler les dépenses avec une sage économie, se mettre en état de faire, au besoin,
tout par soi-même, voilà, ajoutait-elle, quelle
doit être l'étude à peu près constante des personnes de notre sexe. »

Lucie, ayant toujours ses parentes sous les
yeux, finit par se convaincre sérieusement que
le bonheur se trouve dans le travail et la mo-
dération, et non dans une vie oisive et au milieu du fracas du monde. La conscience vint
ensuite à l'appui de ses nouvelles convictions, et
la prière acheva de la rendre raisonnable. Elle
comprit que le travail est une obligation pour
tous, et que, dans tous les cas, elle ne devait

---

[1] *Beaux-arts*, la peinture, la musique, etc.

pas être à charge à son excellente tante ; si bien que l'épreuve à laquelle le sort l'avait soumise tourna tout entière à son avantage.

---

23. — La Sœur désintéressée.

Dans une petite ville de Normandie , vivaient ensemble trois jeunes orphelines qui différaient peu sous le rapport de l'âge. Douées des meilleurs sentiments, elles conservaient un pieux souvenir des auteurs de leurs jours, et ne faisaient qu'un cœur et qu'une âme. Jamais il ne s'élevait entre elles le moindre nuage : chacune s'efforçait de contribuer au bonheur des deux autres, et ne laissait échapper aucune occasion de leur faire plaisir, de leur causer une agréable surprise. Toutes rivalisaient de prévenances, de petits soins , d'attentions délicates.

Ces intéressantes jeunes filles avaient une tante, Mademoiselle Andrée, personne fort riche, mais d'un caractère si altier [1], si difficile , que, malgré sa fortune, elle n'avait pu trouver à s'établir à son gré. Cette tante était la marraine de Clarice, la cadette et la plus jolie des trois sœurs. Elle s'était vivement attachée à sa filleule, et voulait en faire son unique héritière. La jeune personne , loin d'apprendre ce projet avec plaisir, en fut très-affectée. Elle tâcha

---

1 Fier , hautain, orgueilleux.

d'en détourner sa marraine, en lui représentant combien ses sœurs étaient bonnes et dignes de l'affection de leur tante, qu'elles aimaient d'ailleurs sincèrement. Ces représentations furent inutiles : Mademoiselle Andrée eût craint de paraître faible en cédant à sa nièce, dont cependant le désintéressement la charmait; elle persista plus que jamais dans ses intentions. Toutefois, Clarice espérait qu'avec le temps elle parviendrait à vaincre l'obstination de sa marraine, qui du reste n'était pas d'un âge avancé. Mais mademoiselle Andrée tomba malade et mourut au moment où l'on s'y attendait le moins.

Dès l'ouverture du testament de la défunte, l'héritière renonça aux avantages qui lui étaient accordés; mais ses deux sœurs s'y refusèrent. « Non, dirent-elles, garde cette fortune, qui te permettra de faire un meilleur établissement. Nous pourrons nous suffire par notre travail, et nous serons heureuses de ton bonheur. » Néanmoins, Clarice, à force de prières, surmonta leur résistance, et l'héritage fut, selon son désir, divisé en trois portions d'égale valeur.

Après les auteurs de nos jours, nos frères et nos sœurs sont les êtres que nous devons le plus chérir. Heureux ceux qui comprennent ce devoir, et qui mettent l'amour fraternel bien au-dessus d'un vil intérêt : la bénédiction du ciel ne peut manquer de descendre sur eux.

24. — Malpropreté.

Avez-vous connu le petit Champagne? — Non. — Je le regrette, car vous auriez connu là l'enfant le plus malpropre, le plus dégoûtant qu'il soit possible de voir, et vous vous garderiez bien de jamais lui ressembler.

Champagne était, de tous ses camarades, le plus barbouillé et le plus mal peigné; ses oreilles rappelaient celles d'un ramoneur, et je n'ose pas vous dire ce qu'il faisait sur sa manche. Il piétinait dans l'eau, dans la boue, comme s'il se fût plu à crotter son pantalon et ses bas; il se vautrait par terre et se frottait contre les murs, de sorte que sa veste, sa blouse étaient toujours sales. Il rentrait rarement le soir sans de nouvelles déchirures, et sa pauvre mère avait beaucoup de peine à le tenir raccommodé. Il n'était pas plus soigneux de ses livres, de ses cahiers, qui étaient tachés, couverts d'encre, à en faire mal au cœur. Aussi, que de réprimandes, que de punitions il a reçues de son instituteur! Que de fois ses condisciples se sont moqués de son incorrigible saleté! Le malheureux enfant! Où avait-il donc l'esprit? Je serais embarrassé de le dire; mais il est certain qu'il montrait fort peu de cœur.

Oh! bien sûr, mes amis, vous auriez honte de ressembler au petit Champagne, et vous

avez bien raison. Si , comme on le dit, la propreté du corps est l'indice[1] de la pureté de l'âme,
quelle opinion peut-on avoir de ceux qui n'ont
aucune espèce de soin de leur personne? Ne
sont-ils pas , sous ce rapport, même inférieurs
aux animaux ? car les animaux , lorsqu'ils sont
en santé , se nettoient , se peignent , s'épluchent
avec une sorte de plaisir , comme vous avez pu
le remarquer vous-mêmes.

N'imitons donc point ces gens-là ; secouons
l'insouciance, la paresse; ne contractons pas
les dégoûtantes habitudes qu'elles engendrent;
craignons de blesser les regards des autres par
une tenue trop négligée , et rappelons-nous que
se conformer à ce qu'exige de nous une extrême
propreté , c'est montrer qu'on respecte en soi
l'image de Notre Seigneur Jésus-Christ.

---

25. — Fidélité à toute épreuve.

Le jeune Philippe était fils de parents sans
fortune , mais que l'on citait parmi les plus
honnêtes gens du pays. Ils avaient fait tout
leur possible pour donner une certaine éducation à leur enfant; ils l'avaient tenu longtemps
dans les meilleures écoles , où il s'était fait
remarquer par sa bonne conduite et son application.

[1] Le signe apparent.

Un riche propriétaire, qui avait besoin d'un gérant pour administrer ses vastes domaines, jeta les yeux sur Philippe, dont il avait entendu dire le plus grand bien, et le prit à son service. Toutefois, afin de l'éprouver, il ne lui confia d'abord qu'une partie de ses affaires, et ne lui laissa entre les mains que des sommes peu importantes. Plus tard, satisfait de l'intelligence et de la probité du jeune homme, il ne mit plus de réserve, et lui abandonna la direction entière de ses biens.

Philippe avait le maniement de fonds considérables; il vendait toutes les récoltes et en touchait le montant ; c'est aussi lui qui réglait les dépenses. Assurément, il aurait pu commettre plus d'une infidélité à l'insu de son maître; mais jamais l'idée d'une pareille bassesse ne lui serait venue à l'esprit.

Les autres gens de service trouvaient qu'il manquait d'adresse : « A votre place, lui disaient-ils, nous saurions bien, en faisant les affaires du maître, trouver le moyen de faire les nôtres. » Les enfants de la maison même, qui comptaient un peu trop sur la fortune de leur père et faisaient de grandes dépenses, auraient voulu que Philippe leur donnât de l'argent en secret, sauf à dissimuler[1] cette soustraction dans ses écritures. — Mais l'honnête

1 A cacher.

gérant haussait les épaules en entendant les uns, et il savait refuser les autres sans les blesser. Jamais il ne s'écarta de son devoir : les intérêts de son maître le touchaient au dernier point, et, plus la confiance qu'on mettait en lui était grande, plus il avait à cœur de la justifier par une fidélité à toute épreuve.

La conduite de Philippe n'avait rien d'extraordinaire, mes enfants, c'était tout simplement celle d'un honnête homme. Quoi qu'il en soit, elle n'en méritait pas moins de vous être offerte comme exemple.

---

26. — Suffisance.

Vous me demandez, mes enfants, ce que c'est que la suffisance ? C'est un défaut très-fâcheux, qui naît de l'orgueil et d'un excessif amour-propre, et dont je ne saurais, je crois, vous donner une meilleure idée qu'en vous en citant un exemple.

J'ai connu, il y a bien longtemps, un petit garçon nommé Fernand, et qui n'était pas sans intelligence. Mais, par malheur, il avait une si haute opinion de lui-même, qu'il se regardait comme infiniment supérieur à tous ses condisciples, même aux premiers de sa classe, bien qu'il ne lui arrivât guère de s'asseoir, comme eux, au banc d'honneur. Il ne croyait pas avoir besoin d'écouter son professeur, ni d'apprendre ses leçons : il savait ou devinait tout, comme s'il eût eu la science infuse[1]. Toujours prêt à décider sur tout, il se posait en homme d'importance et parlait à tort et à travers, le plus souvent de ce qu'il n'entendait pas.

Fort content de lui-même, il ne l'était guère des autres, qui, selon lui, ne rendaient pas assez justice à son mérite.

Voilà des idées bien ridicules, n'est-il pas vrai, mes amis ? Elles ne siéent à personne, et moins encore à un enfant qu'à tout autre ; aussi faisaient-elles doublement tort à Fernand. Elles nuisaient à ses progrès, qui n'allaient qu'avec une lenteur extrême ; et elles donnaient à tout le monde la plus mauvaise opinion de son esprit.

Le défaut que l'on regrettait chez cet enfant et qui l'a empêché de faire autre chose qu'un sujet fort médiocre, est ce qu'on nomme la suffisance. J'espère, mes bons amis, que vous aurez grand soin de vous garantir d'un pareil travers d'esprit. Vous y parviendrez sûrement en songeant combien est bornée l'instruction d'un enfant, quels que soient d'ailleurs son intelligence et son amour pour le travail ; et en pensant surtout que ce défaut est un de ceux que la religion condamne le plus sévèrement, comme contraires à l'humilité chrétienne.

1 *Avoir la science infuse*, être savant sans avoir étudié. — Se dit par ironie.

27.—Laure et Fanny.

Laure et Fanny étaient deux sœurs jumelles. Leur ressemblance était telle qu'on les prenait souvent l'une pour l'autre, et qu'elles étaient obligées de porter quelque chose de particulier dans leurs vêtements afin qu'on les reconnût. Mais, si elles se ressemblaient, elles ne s'aimaient guère. Une extrême jalousie les animait l'une contre l'autre, sans qu'on pût en savoir la cause. Mme Lambert, leur mère, ne montrait aucune préférence : elle les traitait, selon leur conduite, avec la même indulgence ou la même sévérité. Toutes deux étaient également chères à son cœur. Mais les deux jeunes filles cherchaient à se nuire mutuellement dans son esprit par de faux rapports, où se peignait, malgré elles, la haine qui les divisait. Cette haine en vint au point que l'une gâtait furtivement l'ouvrage de l'autre.

Fanny dessinait une fois un charmant paysage qu'elle voulait donner à sa mère le jour de sa fête ; elle était tout heureuse de voir que le travail touchait à sa fin, quand sa sœur, jalouse du plaisir qu'elle s'en promettait, renversa son encrier sur le dessin.

Fanny devina aussitôt l'auteur de cette méchante action, et, pour s'en venger, elle mit impitoyablement les ciseaux dans une jolie paire de pantoufles que Laure destinait également à sa mère.

Mme Lambert pleura à chaudes larmes en apprenant la vérité. Après d'inutiles avertissements, elle se décida, quoi qu'il en coûtât à son cœur, à éloigner ses deux filles de sa présence, pensant que, par la privation qu'elles en éprouveraient, elles consentiraient enfin à vivre dans l'union.

Ses prévisions ne furent point trompées. Reléguées dans une chambre et sans cesse placées vis-à-vis l'une de l'autre, les deux sœurs reconnurent enfin leurs torts ; elles se les avouèrent réciproquement et s'embrassèrent en pleurant.

Elles firent alors une démarche en commun auprès de leur mère ; mais elles n'obtinrent leur grâce qu'après une épreuve un peu longue, qui montra enfin à Mme Lambert que ses filles étaient sincèrement revenues à de meilleurs sentiments.

Les enfants qui ne savent pas vivre en bonne intelligence font leur malheur et celui de leurs parents.

---

28. — Le Prix de la course.

M. Dupré passait tous les ans la belle saison dans sa terre de Villiers, où il venait oublier les ennuis de la ville. L'exploitation de ce riche domaine l'occupait alors exclusivement, et comme il plaçait l'utile bien au-dessus de l'agréable, il s'attachait aux améliorations de l'agriculture plutôt qu'à de vains embellissements. Plein de bienveillance pour les cultivateurs ses voisins, il les engageait à ne pas s'endormir dans la routine, et à suivre son exemple. Il leur faisait considérer la terre comme une mine qui produit d'autant plus qu'on l'exploite avec plus d'intelligence. Cet homme éclairé portait aussi beaucoup d'intérêt à l'école du village : il la visitait souvent, et se plaisait à interroger les élèves, qu'il encourageait par des paroles pleines de bonté et par la promesse de récompenses qui ne manquaient jamais d'arriver en leur temps.

En automne, avant de quitter la campagne, M. Dupré donnait une petite fête aux écoliers. Le goûter, où les convives montraient autant de bonne humeur que d'appétit, était précédé de jeux qui fournissaient à chacun l'occasion de déployer sa force ou son adresse. Il y avait toujours un prix de la course pour les grands garçons, et une année, il était bien attrayant, car il s'agissait d'un fort beau livre en plusieurs volumes. Onze coureurs se présentèrent pour se le disputer; mais ceux qui avaient le plus de chance de le gagner étaient Duclos et Francis, à cause de leur agilité bien connue. Au signal donné, tous s'élancent de la barre avec une ardeur égale. Bientôt Duclos gagne les devants, mais Francis le suit d'assez près pour ne pas désespérer de la victoire. Tout à coup, le premier fait un faux pas et roule par terre en poussant un cri perçant. Francis, ne pensant qu'à l'accident survenu à son camarade, s'arrête pour lui donner du secours; mais il perd le prix de la course.

Toutefois, il n'eut pas à le regretter ; M. Dupré avait tout vu : au moment du goûter, il alla vers lui, lui serra la main, et, pour le récompenser de son bon cœur, il lui donna un prix plus beau que le premier.

Oublions notre intérêt personnel devant le malheur qui frappe les autres; nous ne recevrons pas toujours sur la terre le prix de notre humanité, mais Dieu, qui voit tout, nous en récompensera dans le ciel.

---

29. — La Poule et ses poussins.

L'Enfant. Maman! maman! viens voir la poule blanche dans la basse-cour. Elle a enfin quitté son nid ; la voilà qui se promène avec ses petits nouvellement éclos.

La Mère. La pauvre Blanche ! il y a bien longtemps qu'elle n'était sortie; c'est à peine si elle quittait ses œufs pour prendre un peu de nourriture. Aussi se ressent-elle des soins

qu'elle a donnés à sa couvée : ses plumes héris-
sées sont loin d'avoir la même blancheur qu'auparavant, et je suis sûre qu'elle est maigre à
faire peur.

L'Enfant. C'est bien possible; mais je crois
qu'il n'y paraîtra plus dans quelques jours.

La Mère. Dans quelques jours ? Tu crois ?

L'Enfant. Oui, maman ; que lui reste-t-il à
faire ?

La Mère. Sa tâche est loin d'être terminée.
Ses poussins mangent seuls, il est vrai ; mais il
faut qu'elle leur cherche de la nourriture. Puis
il sont bien petits : leur corps est à peine couvert d'un léger duvet ; ils souffriraient certaine-
ment du froid pendant la nuit ; qui donc les
réchaufferait ?

L'Enfant. Ah ! maman ! la voilà qui écarte
ses ailes, qui s'agite, qui crie d'une manière
étrange ! Qu'a-t-elle donc ? On dirait qu'elle a
peur de Médor. Tiens ! elle se jette sur lui avec
colère, et lui donne de grands coups de bec, elle
qui le fuyait autrefois dès qu'elle le voyait paraître... La folle ! d'un coup de sa grosse patte
le bon dogue l'écraserait !

La Mère. C'est qu'elle tremble pour ses poussins, et la peur lui donne du courage ; elle ne re-
culerait devant aucun danger pour les défendre.

L'Enfant. Oh ! je vois que Blanche est une
bonne mère, et que ses petits sont bien heureux
de l'avoir.

La Mère. Et qui donc la leur a donnée?

L'Enfant. Celui qui m'a donné la mienne, ma chère maman, qui n'a pas pour moi moins de soins et d'amour. Il me semble que je sens plus que jamais le prix de tes bontés. Ah! comment pourrai-je m'en montrer digne?

La Mère. Comment? Tu vas le savoir. Dis-moi d'abord où sont les poussins.

L'Enfant. Vraiment, ils sont tous blottis sous les ailes de Blanche.

La Mère. Oui, mon enfant; il a suffi d'un cri de leur mère; tous sont accourus auprès d'elle. Imite-les, sois toujours docile à ma voix; c'est surtout par l'obéisssance qu'un enfant se montre digne de la tendresse de ses parents.

30. — La fausse piété.

Geneviève avait appris de bonne heure à allier la piété à ses devoirs envers le prochain. Elle aimait à assister aux offices le dimanche et les jours de fête; elle le faisait avec exactitude, mais sans ostentation [1]; elle cherchait toujours à se rendre utile dans la maison et à épargner quelque fatigue à sa mère, à ses sœurs; bonne pour tout le monde, elle laissait rarement échapper l'occasion de rendre service à quelqu'un : elle était donc bien véritablement chrétienne.

[1] Sans affectation.

Une tante, qui était très-avare et qui ne faisait consister la religion que dans une dévotion
outrée, s'empara de l'esprit de sa nièce par ses
caresses et ses flatteries, et l'entraîna dans un
excès de pratiques religieuses que le Seigneur
n'a jamais exigé de nous. Peu à peu, Geneviève
négligea ses parents pour aller à l'église avec sa
tante. Quand il s'agissait de partager les travaux
de la famille, elle avait toujours quelque chose
de plus important à faire. Tantôt, c'était un ser-
mon qu'elle désirait entendre; tantôt, des prières qu'elle avait à dire pour une neuvaine déjà
commencée; une autre fois, il s'agissait d'une
retraite, ou de la fête de quelque sainte obscure
dont elle voulait implorer l'intercession; ou bien
encore, on faisait des ornements d'autel pour les-
quels on ne pouvait absolument se passer d'elle.
C'était, comme on le voit, une personne très-
occupée, et il ne faut pas s'étonner si on l'entendait rarement parler d'aumônes à faire, de
malheureux à consoler ou à soulager. Elle n'en
devint pas moins fière de sa prétendue piété, et
elle ne montrait que du mépris à ses frères et à
ses sœurs, qu'elle regardait comme infiniment
au-dessous d'elle; elle allait même jusqu'à con-
damner tous ceux qui ne donnaient pas dans le
même excès de dévotion.

Geneviève avait donc quitté l'école du divin
Sauveur et son bercail, car elle n'avait plus ni
cette humilité dont il a fait une vertu, ni cette

indulgente bonté , cette tolérance dont il nous a donné de si touchants exemples.

La véritable piété est celle qui sait unir la charité à la dévotion.

---

31. — Le mépris pour les campagnards.

Parce qu'il était fils d'un gentilhomme, Raymond traitait les gens de la campagne avec un superbe dédain [1].

Leurs manières rustiques [2], leur langage grossier, excitaient son mépris, et il les regardait comme d'une nature bien inférieure à la sienne, quoique son père, M. de Saint-Elme, eût plus d'une fois blâmé en lui ces sentiments fort peu chrétiens.

Comme il était un jour à la chasse, il vit, près d'une ferme, un beau merle qui restait immobile sur une branche. La sécurité [3] que montrait l'oiseau indiquait assez qu'il était apprivoisé. En effet, Germain, le petit paysan qui l'avait élevé, s'approcha timidement du chasseur : « O monsieur *Raymond*, lui dit-il, *n' tuais* pas mon *marle*; c'est moi qui l'a déniché et qui l'a *privé* [4]. C'est... — Tais-toi, petit rustre, interrompit le jeune homme, cesse

1 Mépris. — 2 Rudes. — 3 Confiance, tranquillité.
4 *Privé* au lieu de *apprivoisé*, barbarisme usité dans le Nord.

ton baragouinage et ne remue pas, car si l'oiseau m'échappe, tes oreilles en pâtiront! » —
Et là-dessus, il coucha le merle en joue et
l'abattit au grand chagrin de l'enfant.

Le jeune fat, poursuivant sa chasse, alla
étourdiment s'enfoncer presque jusqu'au cou
dans un bourbier d'où il lui était impossible de
se tirer. Le petit garçon le vit, et loin de songer à se venger, comme il eût pu le faire en le
laissant dans cet embarras, il courut chercher
du secours à la ferme. Ce ne fut pas sans peine
qu'on parvint à retirer du bourbier l'infortuné
Raymond, et Dieu sait dans quel piteux état il
se trouvait! Tout couvert de boue, de vase in-
fecte, il fallut le changer promptement d'habits,
de linge et de chaussure. Puis, comme il s'était
foulé le pied dans sa chute, on décida qu'on le
reconduirait en voiture, et le père de Germain
se chargea de ce soin.

M. de Saint-Elme, inquiet d'abord, se ras-
sura en apprenant le reste de l'aventure. « Tu
vois, mon fils, dit-il à Raymond, en présence
du bon campagnard, tu vois que ceux que tu
regardes comme au-dessous de toi, te sont peut-
être supérieurs sous le rapport des sentiments.
Et tu as été fort heureux qu'il en fût ainsi.
Loin de les mépriser, regardons-les plutôt
comme des frères qui méritent d'autant plus
d'égards que la fortune les a moins favorisés. »

32. — Lucile.

Mme Douville avait un fils et une fille très-
jeunes encore et qui étaient fort intéressants
l'un et l'autre. Soumis, obéissants, ils lui donnaient autant de satisfaction qu'on peut en donner à pareil âge. Cependant elle montrait beaucoup de prédilection[1] pour Félix, qu'elle traitait en enfant gâté. Tout ce qu'il faisait était
bien fait, tout ce qu'il disait était bien dit;
mais il n'en était pas de même de sa sœur.

Cette préférence était trop marquée pour que
Lucile n'en sentît pas toute l'injustice. Pourtant,
loin d'en montrer de la jalousie, elle cherchait
à l'excuser; elle redoublait même d'attentions
pour son frère, lui cédait en toutes choses, et
n'avait rien, ni joucts, ni livres, ni images,
dont elle ne fût disposée à lui faire l'abandon.

Félix abusa bientôt de l'indulgence[2] de sa
mère, et lui causa de grands chagrins. Sûr de
l'impunité[3], il ne faisait qu'à sa tête, n'écoutait
que ses caprices. En jouant à la balle dans le
salon, il brisa plusieurs objets précieux. Vingt
fois il déchira ses vêtements et faillit se tuer en
grimpant sur les arbres. Un jour, il eut envie de
voir battre entre eux les petits polissons du voisinage, et, pour se donner ce plaisir, il leur per-
mit de dévaster le jardin. Peu de temps

[1] Préférence. — [2] Facilité à excuser, à pardonner les fautes.
[3] Manque de punition.

après, on le ramena tout trempé à la maison : on venait de le retirer d'un fossé large et profond où il avait pensé se noyer en voulant le franchir.

Mme Douville adressait-elle des observations à son fils, il ne les écoutait pas, et s'oubliait même jusqu'à lui répondre d'une manière peu respectueuse.

On se plaisait à le contrarier, à le tourmenter, disait-il ; pourtant il était bien assez grand pour se conduire et pour qu'on le laissât tranquille.

Lucile, alors, tâchait de consoler sa mère par ses baisers et ses caresses ; elle parvint même à ramener son frère à de meilleurs sentiments. Par son extrême douceur, sa bonté angélique, elle avait gagné son amitié. Profitant de l'ascendant[1] qu'elle avait pris sur lui, elle lui représenta tout ce qu'il y avait de répréhensible[2] dans sa conduite ; l'ingratitude dont il payait les bontés de sa mère, les fautes sans nombre qu'il commettait et qui donneraient de lui la plus mauvaise opinion, s'il ne se hâtait de rentrer dans le devoir.

Félix, d'abord retenu par une fausse honte, se rendit pourtant aux raisons de sa sœur, et n'eut qu'à s'en féliciter ; de son côté, Mme Douville, heureuse de ce changement inespéré, rendit enfin justice à sa fille, et depuis lors l'aima toujours du plus profond de son cœur.

[1] Autorité, pouvoir sur l'esprit, la volonté d'un autre.
[2] Blâmable.

3*

Si tu crois que tes parents ont de la préférence pour tes frères et tes sœurs, n'en témoigne aucune jalousie ; montre-toi plutôt doux, affectueux, empressé : cette conduite sage aura un jour sa récompense.

---

33. — Le Frère généreux.

M. Robertson, riche négociant anglais, avait deux fils de goûts et de caractères bien différents. John, l'aîné, était paresseux, volontaire et faisait passer le plaisir avant tout ; tandis que Wilm, le cadet, aimait le travail et ne se trouvait bien qu'auprès de ses parents, qu'il écoutait avec une extrême soumission.

John donna bientôt dans de graves désordres. Il ne se plaisait que dans les tavernes[1], dans les maisons de jeu, et faisait sa société habituelle de jeunes débauchés qui le poussaient, de plus en plus, dans la voie du mal. Cependant, son père lui représentait souvent les conséquences funestes, mais inévitables, d'une pareille conduite ; il faisait un appel à ses bons sentiments, le suppliait de ne pas empoisonner ainsi ses vieux jours, et le menaçait enfin de sa malédiction, s'il continuait. Mais ses représentations, ses menaces, étaient sans effet ; le fils même jugea à propos

[1] Les cabarets.

de quitter la maison , afin de pouvoir se livrer
en toute liberté à ses goûts désordonnnés.

M. Robertson, fort affligé de ce départ, mourut quelques années après. Par son testament,
il déshéritait le fugitif , comme la loi le lui permettait, ne voulant pas, disait-il , que des biens
acquis à force de travail et d'économie tom-
bassent entre les mains d'un dissipateur.

Wilm , seul héritier d'une fortune considérable , n'avait cependant pas oublié son frère ; il
fit des recherches pour le découvrir , et apprit
qu'il était en Ecosse, où , revenu à de meilleurs
sentiments après de rudes épreuves , il se trouvait dans une situation fort précaire [1]. Il l'appela
auprès de lui , et montra un si vif désir de le
revoir dans la maison paternelle que l'aîné
n'hésita pas à se rendre à son invitation. Dès
qu'il parut , Wilm lui sauta au cou, en lui disant : « Viens, mon frère , viens partager tout
l'héritage avec moi ! ne me refuse pas, je ne fais
que ce que notre père n'eût pas manqué de faire
lui-même, s'il eût appris ton retour au bien. »

Voilà , certes , un trait de générosité dont
bien peu de personnes seraient capables ; on ne
cède pas ainsi volontiers la moitié d'une fortune si légitimement acquise. Mais ce sacrifice ,
Wilm n'eut qu'à s'en féliciter , car le bonheur
qu'il procura à son frère vint encore s'ajouter au
sien.

1 Qui n'a rien d'assuré.

34. — L'innocent puni pour le coupable.

Malgré ses nombreuses occupations, M. Dubreuil aimait toujours l'étude, et il attachait beaucoup de prix aux livres où il pouvait puiser de nouvelles connaissances. Il venait d'acheter une relation de voyages fort intéressante et où se trouvaient de magnifiques gravures. Il les montra à ses deux fils, Emile et Henri, en y ajoutant des explications pour en faire comprendre le sujet.

Henri les vit avec tant de plaisir, qu'il eut envie de s'en approprier deux. Il aurait dû la rejeter à l'instant, cette envie, car elle allait le conduire à commettre une action fort répréhensible ; mais il n'en fit rien, et se décida à prendre les gravures, quoiqu'il fallût les détacher d'un volume.

Quelque temps après, M. Dubreuil s'aperçut du larcin [1] ; il questionna ses deux fils, ne doutant pas que l'un d'eux n'en fût l'auteur. Emile assura qu'il n'avait pas touché au livre, Henri fit avec beaucoup d'aplomb une réponse semblable. Le père, fort mécontent, leur donna cependant jusqu'au lendemain pour réfléchir.

La crainte de recevoir une punition méritée troubla si fort le coupable que, profitant d'un moment où tout le monde était au jardin, il alla

[1] Du vol.

furtivement glisser les gravures dans un cahier d'Emile.

Interrogés de nouveau le lendemain, les deux frères persistèrent dans leur première dénégation [1]. Alors M. Dubreuil prit le parti de visiter les objets à leur usage ; il trouva les gravures, et, trompé par les apparences, il condamna à la prison, au pain et à l'eau le pauvre Emile, qu'il croyait coupable de vol et de mensonge. L'enfant pleurait amèrement et se désolait, plus encore de l'opinion qu'on avait de lui, que de la peine qu'il subissait sans l'avoir méritée.

Henri ne pleurait pas, mais il n'était guère à son aise ; il sentait tout l'odieux de sa conduite, bien qu'une fausse honte le retînt encore. Cependant, quelques heures après, cédant à ses remords, il alla déclarer sa faute à son père.

A l'instant même, on délivra le prisonnier : heureux de voir son innocence reconnue, le pauvre enfant, loin d'en vouloir à son frère, demanda sa grâce à genoux. Et Henri, dont cette générosité augmentait encore la confusion, témoigna tant de repentir, répandit à son tour tant de larmes, que M. Dubreuil consentit enfin à lui pardonner.

Lequel des deux enfants était d'abord le plus à plaindre ? Croyez-vous que ce soit Emile ? Non, non ; il gémissait, il est vrai, de l'injus-

1 Action de nier en justice.

tice involontaire dont il était l'objet; mais il était innocent, et, quand on a pour soi le témoignage de sa conscience, on supporte bien plus aisément les peines qui peuvent nous être infligées.

Henri était beaucoup plus digne de pitié; car s'il a pu tout d'abord échapper au châtiment, il ne lui était pas possible de se soustraire aux cris de sa conscience révoltée contre lui. La honte de s'avouer coupable l'a conduit au mensonge, et la crainte d'être découvert après cette nouvelle faute l'a poussé à en commettre une beaucoup plus grave encore. Mais cette crainte et cette honte étaient bien moins pénibles que les remords qu'il a, par bonheur, ressentis dans la suite, et qu'il n'a pu apaiser qu'en devenant son propre accusateur.

Dès qu'on a fait un pas dans la voie du mal, on est bientôt poussé à en faire un second : gardons-nous donc d'y jamais entrer, si nous voulons rester en paix avec notre conscience.

---

35. — Orgueil.

L'honnête Germain et Agathe, sa ménagère, avaient une fille unique, qu'ils aimaient comme leurs yeux. Pour en faire une autre chose qu'une ouvrière, ils la mirent en pension et l'y tinrent longtemps. Mais ce ne fut pas sans s'im-

poser de dures privations. Ils travaillaient
beaucoup et se nourrissaient mal. Germain
ne sortait avec ses amis que le plus rarement
possible , et Agathe se refusa plus d'une
fois un déshabillé qui lui eût fait plaisir.
Tous deux n'avaient qu'une pensée : le bonheur
de leur Hélène.

Celle-ci était intelligente ; elle profita si bien
des soins qu'on lui donna , qu'elle devint une
jeune personne de quelque mérite. Ses parents en
étaient fiers avec juste raison, et ils ne pensaient
pas qu'il fût possible d'en trouver au monde
une semblable. Une dame de condition, Madame de Latour, la leur demanda pour en
faire l'institutrice de sa fille. Eux n'eurent
garde de refuser une si bonne occasion, qu'ils
regardaient comme une faveur du ciel. Hélène
passa donc de l'humble demeure de son père
dans un hôtel somptueux, et vit le grand monde.
Mais cette épreuve était au-dessus de ses forces;
la tête lui tourna, elle commença à rougir de
sa naissance. Ses parents venaient l'embrasser
de temps en temps : elle les pria de ne plus se
présenter à l'hôtel et cessa même d'aller les
voir.

Madame de Latour s'en aperçut et l'appela
un matin dans sa chambre. « Mademoiselle,
lui dit-elle d'un ton sévère, je vous ai confié
ma fille pour que vous me remplaciez auprès
d'elle. Je vous dois cette justice, que , grâce

à vos leçons intelligentes, ses progrès ont été jusqu'ici bien au-delà de mes espérances. Toutefois, sans chercher à diminuer le mérite de ces leçons, je dois vous dire qu'à mes yeux, il est une chose bien plus importante que la culture de l'esprit ; je veux parler de l'éducation, surtout en ce qui concerne le cœur. Or, il s'est opéré en vous un changement qui m'inspire des craintes réelles ; je me demande comment une jeune personne qui rougit de ses parents, peut enseigner à ma fille à aimer les siens. Vous me comprenez, je pense, sans plus d'explication. Si donc vous ne voulez pas me mettre dans la pénible nécessité de renoncer à vos services, vous réfléchirez sur votre ingratitude ; vous vous en corrigerez, et vous irez tous les jours embrasser le bon Germain et votre pauvre mère, à qui votre conduite a coûté bien des larmes. »

Hélène comprit ses torts et n'hésita nullement à les réparer : elle repoussa de son cœur l'orgueil qui l'avait séduite, et redevint ce qu'elle n'aurait jamais dû cesser d'être, une fille bonne et reconnaissante.

Nos parents sont pour nous une seconde Providence. Rougir de leur obscurité, surtout quand ils se sacrifient pour nous, c'est répondre aux bienfaits par le mépris, et joindre l'orgueil le plus insensé à la plus coupable ingratitude.

36. — Amour filial.

On était au printemps de l'année 1829. C'était l'époque où le jeune Adolphe devait quitter Bordeaux pour aller se fixer aux Antilles[1], auprès d'un oncle fort riche qui, à cette condition, avait promis de lui laisser son immense fortune. Son père et sa mère le préparaient à ce voyage qui devait assurer son avenir. Ils lui avaient donné une éducation convenable, et voyaient avec une grande satisfaction qu'il avait mis à profit les sacrifices qu'on avait faits pour lui.

Son trousseau était prêt, rien n'y manquait, et le navire qui devait l'emmener venait d'arriver au port. Jusque-là, Adolphe avait cru que ses parents, qui parlaient avec tant de bonheur de son séjour en Amérique, ne verraient son départ qu'avec plaisir. Mais le visage soucieux de son père commença à lui faire croire qu'il s'était trompé, et des larmes qu'il surprit un soir, dans les yeux de sa mère, achevèrent de le tirer d'erreur. Alors il devint rêveur à son tour, et comprit que ses parents s'étaient oubliés eux-mêmes, pour assurer le sort de leur fils unique. Il se représenta le vide que son absence laisserait dans la maison, le chagrin qui en serait la suite, et cet avenir

[1] Iles d'Amérique.

brillant, qu'on avait tant fait luire à ses yeux, perdit tout à coup son prestige [1] : il dit adieu aux rêves de fortune, bien décidé à ne point quitter la maison paternelle.

Sa mère, instruite de cette résolution, essaya de lui faire comprendre que rester en France, c'était perdre une occasion comme il ne s'en présente jamais deux dans la vie.

— « C'est possible, répondit l'enfant; mais je saurais que tu pleures mon absence, et la vie me serait insupportable ; je ne consentirai jamais à m'éloigner de toi. »

Le père lui fit à son tour ses représentations : « Ne sais-tu pas, mon fils, lui dit-il, que je suis sans fortune; que je n'ai d'autre ressource que mon pénible travail, et que si tu restes ici....

— Si je reste, dit Adolphe en l'interrompant, je travaillerai avec toi. Ne suis-je pas en âge d'entrer en apprentissage? L'état de serrurier en vaut bien un autre; il vaudra mieux qu'un autre pour moi, car il me permettra de te servir d'ouvrier et de conduire à mon tour l'atelier quand tes bras seront fatigués. De grâce! ne parlons plus de départ! Je renonce aux richesses; votre bonheur m'en tiendra lieu. » Ainsi dit le jeune homme, et quelques efforts qu'on

---

[1] Ce qu'il avait de séduisant.

tentât pour le faire changer de résolution, ou ne put y parvenir.

Refuser son propre bonheur pour assurer celui de son père et de sa mère, c'est justifier tous les bienfaits qu'on a reçus d'eux.

37. — Claude.

— Qu'est-il donc arrivé au pauvre Claude ? Il paraît tout chagrin ; on dirait même qu'il vient de pleurer.

—Ah ! le pauvre enfant ! il a pleuré en effet. Il a éprouvé un cruel mécompte, et il réfléchit en ce moment sur les vrais et les faux amis. Voici ce qui s'est passé.

Vous savez que Claude Coquardeau est un garçon très-inoffensif et passablement crédule. Or, il revenait de chez son grand-père, et il en apportait, tout joyeux, un panier de fort beaux abricots qu'on lui avait donnés. En passant par la grand'place du village, il a été accosté par une bande d'écoliers espiègles qui, d'ordinaire, ne font guère attention à lui, mais qui, pour le quart d'heure, se montraient d'une prévenance extrême, et pour cause. Claude, qui n'y entendait pas malice, en était enchanté, et il y avait de quoi : c'était, disait-on, un bon garçon, un excellent camarade, le plus adroit aux jeux de son âge, le plus fort à la lutte et le plus habile à la course. Claude donne dans le

panneau [1], prend tout cela pour argent comptant [2], et se croit un phénix [3]; il paie chaque
louange d'un abricot, trop heureux de pouvoir
montrer sa gratitude de quelque façon. Puis il
prend part aux amusements de ses nouveaux
amis, s'efforce de justifier la bonne opinion
qu'ils ont de son mérite, et prend leurs éclats
de rire pour les encouragements les plus flatteurs. On court, les plus agiles se laissent attraper par lui; on lutte, et il terrasse sans peine
les plus robustes. Claude est ivre de joie, il ne
se possède plus, il a peine à se reconnaître lui-
même et donne jusqu'à son dernier abricot.

Mais un nouvel écolier arrive : « Tiens! dit-
il, c'est Claude! Eh quoi! Claude l'imbécille
joue avec vous ? »

En entendant cette épithète [4] peu flatteuse,
Claude, assez pacifique [5] de sa nature, mais
que le jeu avait aiguillonné, sent le rouge lui
monter au visage, et sort de son caractère :
« Imbécille toi-même! » dit-il au nouveau venu;
et comptant sur l'assistance de ses nouveaux camarades, il ne craint pas d'attaquer l'imperti-

1 *Donner dans le panneau,* se laisser tromper, attraper.

2 *Prendre quelque chose pour argent comptant*, croire trop
facilement ce qu'on nous dit.

3 Il se croit supérieur à tous les autres.

4 Mot désignant une qualité.

5 Qui aime la paix.

nent et tombe sur lui à coups de poing. Mais l'autre, qui est plus grand, les lui rend avec usure, le jette par terre, et le punit un peu trop sévèrement de son audacieuse agression [1]. O comble d'infortune ! les écoliers rient et frappent des mains à chaque gourmade [2] que reçoit le pauvre garçon; quoi ! au lieu de lui prêter main-forte, les ingrats se réjouissent de son malheur ! Fiez-vous donc aux amis !... Claude s'en afflige, et cette pensée, plus que les coups de son adversaire, lui arrache des larmes.

Enfin le vainqueur a pitié de lui, et le vaincu, fort maltraité, reprend tristement le chemin de la maison paternelle, ne sachant à quoi attribuer la laide conduite que l'on a tenue à son égard.

« Cesse d'en être surpris, lui ai-je dit en apprenant sa mésaventure. Toutes les complaisances étaient, non pour toi, mais pour tes abricots; ton panier vide aurait dû te le faire comprendre. Défie-toi donc à l'avenir des louanges exagérées. Ceux qui se disent nos amis quand la fortune semble nous sourire, ne sont souvent que des flatteurs qui se hâtent de nous abandonner dès qu'ile ne nous voient plus en état de payer leurs basses complaisances. Les vrais amis ne se connaissent d'ordinaire que dans l'adversité [3].

1 Attaque.
2 Coup de poing.
3 Le malheur.

38. — Distraction.

Félix n'est ni paresseux, ni malpropre, ni impoli : pourquoi ses devoirs ne sont-ils donc pas toujours bien faits, ses leçons bien sues ? Pourquoi sa tenue laisse-t-elle si souvent à désirer ? Pourquoi un grand nombre de personnes le croient-elles malhonnête ?

A toutes ces questions, je répondrai par un seul mot : Félix est excessivement distrait. La plupart du temps, en effet, il pense à toute autre chose qu'à ce qu'il a à faire ; de là, ce qui paraît si singulier dans sa conduite.

Que de fois, le matin, il lui arrive de chercher ses bas, ses souliers, ses bretelles, qu'il a jetés çà et là la veille en se couchant ! Que de peine il se donne pour rassembler ses livres, ses cahiers, quand vient le moment d'aller à l'école ! Encore ne les trouve-t-il pas toujours, ce qui le met nécessairement en retard et l'oblige de partir sans déjeûner.

Il n'est pas rare qu'il se présente devant son instituteur assurant qu'il a bien fait son travail, et pourtant il a oublié ou d'apprendre ses leçons ou de copier son devoir, ou bien encore il a fait un autre devoir ou s'est trompé de leçon.

Ses distractions dans les rues ne sont pas moins regrettables. Rencontre-t-il M. le Maire,

M. le Curé, M. le Pasteur, ou quelqu'autre personne considérable de l'endroit, il ne les voit pas et passe sans les saluer ; ou bien, il heurte étourdiment quelque passant et en reçoit des soufflets ou des injures.

Ne s'est-il pas trompé d'école un jour ! En passant dans une rue, il rencontra des enfants qui jouaient devant la porte d'un autre instituteur que le sien, et il s'arrêta pour jouer avec eux. Neuf heures sonnèrent. Au signal donné, les enfants entrèrent en classe et Félix les suivit. Il allait même s'asseoir, quand il reconnut son erreur ; alors il sortit comme un fou et s'enfuit à toutes jambes.

Vers la même époque, Félix composait en orthographe avec ses condisciples. La dictée corrigée, le maître classait les copies et s'étonnait de ne pas trouver celle de Félix, qui assurait pourtant l'avoir donnée. C'est que notre étourdi, au lieu de mettre son nom en tête de son travail, y avait mis celui de son voisin.

Je n'en finirais pas si je voulais entreprendre de rapporter toutes les distractions que ce singulier enfant a commises en classe. Et le pis de cela, c'est qu'il n'est pas le seul à en souffrir. Qu'il mette dans sa poche son encrier sans l'avoir bouché, et que l'encre se répande dans son pantalon, il n'a là que ce que mérite son étourderie ; mais il lui arrive assez souvent de tacher aussi les cahiers de ses camarades et d'emporter leurs livres avec les siens, ce qui les empêche de faire leur travail et les expose à être punis.

Au reste, Félix est fort obéissant. On lui avait donné un soir une commission à faire au grenier. Il s'en acquitta à l'instant même. Mais, en revenant, il pleurait; il s'était blessé à la tête sans savoir comment; car il avait, disait-il, emporté sa lanterne. Il la tenait en effet à la main, mais elle n'était pas allumée.

Je l'ai déjà dit, Félix ne manque pas de politesse. La mère d'un de ses condisciples venait l'inviter à une partie de plaisir; elle frappa. Lui, comme ses parents étaient sortis, s'empressa d'aller ouvrir, salua la dame, la pria d'entrer et la précéda au salon. C'était très-bien jusque-là; mais, par distraction, il entre le premier, ferme aussitôt la porte sur lui, et est tout étonné de se trouver seul dans la pièce.

Je ne vous citerai plus qu'un trait, qui vous surprendra fort, et qui montre à quel degré notre petit garçon a besoin de se corriger. Avec l'agrément de ses parents, il avait invité, à son tour, quatre de ses amis, à passer, un jeudi, une partie de l'après-dîner avec lui. Les enfants se rendirent à l'heure désignée; mais il n'y avait point de Félix à la maison.

Ils jouèrent environ deux heures en l'attendant, et ne le virent point paraître. Enfin, on leur servit une excellente collation qui les consola de l'absence de notre tête sans cervelle.

Où était-il donc pendant ce temps-là ? — Il s'amusait chez un autre camarade, oubliant ceux qu'il avait invités. Et ce ne fut qu'au moment où ceux-ci allaient partir qu'il arriva à la maison. Jugez quels furent son dépit, sa confusion ! — Disons vite que ses parents savaient parfaitement où il était, et que s'ils ne l'avaient pas envoyé quérir, c'était pour lui faire sentir encore une fois les inconvénients d'un défaut qu'ils avaient inutilement combattu jusque-là. On dit que depuis lors il se montre un peu plus réfléchi, et l'on ne désespère pas de le voir enfin ressembler à tout le monde.

39. — Jésus, modèle de l'enfance.

Mes chers petits amis, si je vous demandais quels sont, parmi vous, les plus obéissants, les plus appliqués, les plus sages, vous me les auriez bientôt nommés, vous ne vous y tromperiez guère. Et si je vous demandais ensuite quels sont ceux que vous devriez prendre pour modèles, à coup sûr, les mêmes noms sortiraient encore de votre bouche. Alors je pourrais, à mon tour, vous engager à marcher sur leurs traces, afin de devenir de bons élèves. Mais il est un modèle bien plus accompli, que je veux mettre aujourd'hui sous vos yeux : c'est ce

4

Jésus, si bon, dont je vous ai déjà parlé tant de fois. Qui, mieux que lui, a fait la joie de son père et de sa mère ? Que de douceur ! que de mansuétude [1] dans ce divin enfant ! que de grâce ! que de sagesse ! Heureux ceux qui l'ont connu ! heureux ceux qui ont partagé les jeux de son enfance ! Combien ses exemples ne devaient-ils pas les exciter à la vertu !

Jésus, qui comprenait si bien ses devoirs envers Joseph et Marie, et qui s'en acquittait avec tant d'exactitude, était aussi le plus pieux des enfants. Comment pourrait-on être vraiment sage, si l'on n'aimait pas le Bon Dieu de toutes ses forces, si l'on ne se conformait pas en toutes choses à sa volonté suprême ? Or, Jésus avait de bonne heure étudié la loi du Seigneur dans les livres sacrés, car s'il était le modèle des enfants sages, il l'était également des enfants studieux. Jugez-en vous-mêmes :

Son père et sa mère allaient tous les ans à Jérusalem, à l'époque où l'on célébrait la Pâque. Ils l'emmenèrent avec eux quand il eut atteint sa douzième année. Alors vous auriez vu cet adorable enfant, assis dans le temple, au milieu des docteurs, les écoutant et les interrogeant; et, comme ceux qui l'entendaient, vous auriez été ravis en admiration de sa sagesse et

[1] Extrême bonté, patience, indulgence, grande douceur d'âme.

de ses réponses. C'est ainsi que nous le raconte l'Evangile.

Quoi ! un enfant de douze ans à peine, égalant, surpassant même, en lumières, en raison, en sagesse, les plus savants de Jérusalem, les docteurs même de la loi ! Quel prodige inouï ! Quelle étonnante merveille !.... N'est-ce pas, mes amis, que c'est là le modèle le plus parfait qui puisse être offert à votre imitation ? Il est vrai que, moins heureux que les enfants de Nazareth, vous ne le voyez pas parmi vous ; il y est cependant, il habitera même vos cœurs quand vous le voudrez, et il sourira à tous vos efforts vers le bien. Comme lui, soyez donc soumis aux auteurs de vos jours, à ceux qui prennent soin de votre jeunesse ; aimez pardessus toutes choses le Seigneur notre Dieu ; appliquez-vous surtout à l'étude des livres où vous trouverez ce qu'il exige de nous pour sa gloire et pour notre bonheur ; écoutez avec une religieuse attention ceux qui vous prêchent sa parole sainte, et, comme l'enfant Jésus, en croissant en âge, vous croîtrez aussi en grâce et en sagesse.

40. — Le travail.

Oui, mes enfants, oui, le travail est une obligation pour tous ; ainsi l'a voulu le Seigneur, en punition de la désobéissance de nos premiers parents.

Mais, dans cette punition, toute sévère qu'elle paraisse quelquefois, il est encore aisé de reconnaître la bonté du meilleur des pères. En effet, le travail est pour nous la source du bien-être; sans lui, l'homme vivrait à la manière des brutes. Rien n'est plus facile à comprendre. Supposons que nous nous abandonnions entièrement à l'oisiveté.

Nos maisons, où nous pouvons braver auprès d'un bon feu la bise, la pluie, la neige, sortiraient-elles de la terre toutes bâties?

Les vêtements, qui nous couvrent et nous défendent contre la rigueur du froid, se feraient-ils tout seuls?

Le pain et les autres aliments qui servent à notre nourriture, s'offriraient-ils à nous tout préparés?

Ces meubles, d'un usage si commode, ce lit, où nous reposons avec tant de plaisir après les fatigues du jour, se construiraient-ils eux-mêmes?

Évidemment non. Nous serions forcés de nous réfugier dans les antres, dans les cavernes, comme certains animaux; nous coucherions sur la terre; nous irions nus, exposés à l'inclémence[1] des saisons; nous n'aurions d'autre nourriture que des fruits sauvages et les racines crues de certains végétaux[2].

1. La rigueur. — 2. Encore faudrait-il cueillir les fruits, arracher les racines, ce qui serait aussi un travail.

Mais, par bonheur, cette condition misérable n'est pas la nôtre; et, s'il est fort pénible d'arracher du sein de la terre les pierres et les métaux, de tourmenter incessamment le sol pour le forcer à produire les plantes qui nous conviennent, d'imprimer à la matière les formes les plus diverses pour la faire servir à nos besoins, — les fruits que nous retirons de ces rudes labeurs n'en paraissent que plus doux.

Aussi, mes amis, tous les hommes travaillent; les uns de leurs mains, les autres avec leur intelligence, car, n'allez pas croire, comme on le fait communément, que ceux-là seulement travaillent, qui se livrent à tel genre d'occupation plutôt qu'à tel autre. Chacun à ses labeurs et ses fatigues.

Souvent le riche qui paraît oisif, travaille soit à l'amélioration de l'agriculture, soit au perfectionnement de quelque branche d'industrie, soit à une œuvre philanthropique[1].

Les ministres de la religion, après dix ou quinze ans de pénibles études, travaillent à éclairer, à fortifier notre foi, à nous guider dans la voie du ciel.

Les maîtres à qui l'on vous confie travaillent à former votre cœur, à redresser vos mauvais penchants, à enrichir votre esprit de connaissances utiles.

[2] Dont le but est de faire du bien aux hommes.

Le savant travaille au progrès des lumières, à l'avancement des sciences, qui font tant d'honneur à l'esprit humain.

Les magistrats travaillent à faire régner la justice, à assurer le respect des propriétés et des droits de chaque citoyen.

Le prince qui nous gouverne, loin de s'endormir sur le trône dans une molle oisiveté, travaille sans relâche à la gloire, à la prospérité de notre belle France, et ce n'est pas, de tous les hommes, le moins occupé, le moins exposé aux soucis, aux inquiétudes de toute sorte.

Oui, tout le monde travaille. Travaillez donc vous-mêmes, mes petits enfants; travaillez pour vous mettre en état de seconder bientôt vos bons parents, pour devenir à votre tour des hommes utiles à notre chère patrie, pour vous rendre dignes enfin des biens que le Seigneur a promis à quiconque observera fidèlement sa loi.

41. — Comment il convient de prier.

Je vous ai dit ailleurs ce que c'est qu'aimer Dieu; disons aujourd'hui comment il convient de le prier.

Pour prier, mes amis, il ne suffit pas de murmurer entre ses lèvres quelques paroles inintelligibles[1], auxquelles l'esprit et le cœur

[1] Qu'on ne peut comprendre.

n'aient aucune part; non, car le Seigneur n'écoute pas une semblable prière. Pour bien remplir ce devoir, d'ailleurs si doux, soyez tout entiers à ce que vous faites; représentez-vous que vous êtes en face de Dieu, du meilleur des pères, et qu'il écoute l'expression de vos vœux, comme celle de votre reconnaissance. Sans cette condition, vous ne sauriez être dans les dispositions qui peuvent donner à la prière toute son efficacité [1].

Il n'importe pas moins que vous compreniez bien ce que vous lui dites, à ce Seigneur si bon. Quand on vous explique vos prières, écoutez avec un redoublement d'attention, et s'il est des choses que votre esprit ne saisisse pas bien, ne craignez pas de le dire; on verra toujours avec plaisir que vous cherchiez à vous éclairer.

Je vous citerai ici un exemple qui vous montrera combien on peut gagner à comprendre ce qu'on dit en priant.

Théophile avait atteint l'âge où l'on fait sa première communion, et, comme une partie de ses condisciples, il suivait régulièrement les leçons de catéchisme qui se donnaient à l'église, le soir après la classe. Se préparait-il sérieusement à cet acte d'une si grande importance? Eh! mon Dieu! il faisait, sous ce rapport, comme beaucoup d'autres, qui ne songent pas

---

[1] C'est-à-dire, qui peuvent lui faire produire son effet.

assez que c'est par la première communion
qu'on fait son entrée dans le monde, et que,
souvent, des dispositions qu'on y apporte dé-
pend le bonheur de la vie entière.

Quoi qu'il en soit, Théophile, en se rendant
un jour à l'école, eut grandement à se plaindre
d'un de ses camarades qui, sans motif sérieux,
lui avait dit des injures et même avait levé la
main sur lui. Assez peu endurant de sa nature,
il allait riposter, quand il aperçut le maître :
il se contint ; mais il se promit bien d'avoir raison de l'offense après la classe : « Il le paiera
cher, se dit-il ; je lui apprendrai à se conduire
avec moi de la sorte, quand je ne lui fais
rien. » Mais, après la classe, il fallait aller au
catéchisme, et Théophile, dont la rancune
n'était point apaisée, se vit obligé de différer
l'accomplissement de son dessein : « Bah ! pensa-
t-il, encore une heure et nous verrons ; il
n'aura pas perdu pour attendre, celui-là ; je le
lui ferai bien voir !.... »

Cependant M. le curé expliquait l'Oraison
dominicale, cette divine prière que le Sauveur
lui-même a laissée tomber de ses lèvres ; et
l'on en était ce jour-là à l'endroit où il est ques-
tion du pardon des offenses. Malgré l'âge de ses
jeunes auditeurs[1], le bon pasteur n'eut pas grand'-
peine à faire comprendre le sens de ces paroles

1 *Auditeur*, celui qui écoute.

si simples, comme tout ce que nous a enseigné
N. S. Jésus-Christ. Mais, toutes simples qu'elles
sont, plus d'un enfant se vit forcé d'avouer
qu'il n'y avait pas suffisamment arrêté son
esprit, et tous comprirent que prier Dieu de
nous pardonner comme nous faisons aux autres,
et pourtant garder en nous le ressentiment d'une
injure, c'est demander notre propre condamna-
tion. Et Théophile, après quelques instants de
réflexion, se dit : « Je n'ai que trop souvent
offensé Dieu : or, je veux qu'il me pardonne,
pardonnons donc d'abord à mon camarade. »
Le jeune catéchumène [1] retourna, en effet,
paisiblement chez son père en sortant de l'église,
du reste fort content de sentir la paix rentrée
dans son cœur.

Cette conduite fut fort sage, comprenez-le,
mes amis; car en agissant autrement, il eût
commis une action indigne d'un chrétien, et
peut-être même eût-il, pour cette année, été
renvoyé du catéchisme.

Vous voyez ce que Théophile gagna à bien
écouter la leçon de son curé, et à comprendre
ce passage de l'Oraison dominicale. Que son
exemple ne soit pas perdu pour vous. Je le ré-
pète, appliquez-vous à bien dire vos prières,
et pour bien les dire, rappelez-vous qu'il faut

---

[1] Celui qu'on instruit dans les vérités de la religion, pour le
préparer à recevoir le baptême ou la première communion.

4.

les bien comprendre. Priez sans vous presser, en vous écoutant attentivement; apportez-y tout le recueillement dont vous êtes capables; que toutes vos pensées s'élèvent vers le ciel, et que Dieu, qui lit jusqu'au fond des cœurs, voie toujours en vous des enfants dignes de son amour.

---

42. — Le Père et ses trois fils.

« Mes enfants, disait un jour un père à ses trois petits garçons, nous allons faire aujourd'hui une assez longue promenade dans la campagne; vous ferez bien d'emporter des fruits pour votre goûter. Entrons dans le verger, et cueillez-en vous-mêmes. Tenez, prenez ceux-ci de préférence; ils n'ont pas fort bonne mine, mais vous verrez qu'ils n'en sont pas moins fort agréables au goût. »

L'arbre désigné par le père n'était pas de ceux qui croissent naturellement dans nos climats; les enfants mêmes n'y avaient jamais fait attention. Il était hérissée de piquants, et ses fruits, enfermés dans une espèce de brou ou de bogue, n'avaient rien de bien séduisant. Malgré cela, l'aîné se met à en cueillir : son père l'avait conseillé; il n'en fallait pas davantage.

Le cadet, qui craignait la fatigue et qui frissonnait à la vue des épines, avait l'air de se donner beaucoup de mouvement et de tirer fortement à lui les branches ; mais , dès qu'il croyait n'être pas vu de son père , il les lâchait aussitôt avec humeur.

Le dernier , moins paresseux, mais non moins étourdi , cueillait des fruits, il est vrai , mais ils ne pouvaient tenir dans sa poche , déjà remplie de jouets , et ils tombaient à mesure pour la plupart.

Le signal du départ fut donné, et au bout de deux ou trois heures de marche , le père, pensant avec raison que ses fils goûteraient volontiers , prit un de ces fruits et leur montra comment il fallait le dépouiller de son épaisse enveloppe et l'ouvrir pour le manger.

L'aîné se hâta de l'imiter, et s'étonna fort de trouver sous une pareille enveloppe une grosse amande remplie d'une substance laiteuse d'un goût exquis. Il fit une excellente collation , dont il devait se souvenir longtemps , disait-il.

Le plus jeune dit aussi qu'il n'avait jamais rien mangé de meilleur ; il regretta seulement de n'avoir pas pris assez de soin des fruits qu'il avait cueillis, tandis qu'il s'était embarrassé de jouets dont il n'avait que faire.

Quant au cadet qui, plus que les autres, peut-être, se sentait l'estomac vide , il était fort mécontent de lui-même et faisait piteuse figure.

— « Mange donc, lui dit son père ; qu'attends-tu ? Ne veux-tu pas goûter ?

— Moi, papa? Si fait ; c'est-à-dire, non : il me semble que je n'ai pas faim..., au con-traire..., j'attendrai bien jusqu'au dîner, je l'aime mieux, je crois.

— Attends donc si cela te fait plaisir, » re-prit en souriant le père, qui se doutait de la vérité.

Cependant l'heure du dîner arriva, et le petit garçon voulut en vain cacher sa sottise, il n'y avait pas à reculer.

— « Goûte donc enfin aux fruits dont tu as remplis tes poches, lui dit-on. »

Il fit mine de se fouiller.

— « Tiens ! dit-il, fort embarrassé de sa per-sonne, je ne sais comment cela s'est fait, mais j'aurai oublié d'en cueillir ! mes poches sont... vides. »

A ces mots, chacun partit d'un grand éclat de rire, que la confusion et les larmes du petit bon-homme eurent beaucoup de peine à apaiser.

Vous riez aussi, mes amis, et vous dites : Nous n'aurions pas été aussi sots ! Cela est pos-sible, et pourtant il arrive tous les jours à quel-ques-uns d'entre vous d'être aussi peu raison-nables. Vous allez le comprendre.

L'étude, mes enfants, est comme un arbre précieux dont les fruits sont exquis, mais diffi-ciles à détacher de la branche. Les écoliers la-borieux en font une abondante récolte dont ils comprendront encore mieux l'utilité en grandissant ; mais les étourdis, les paresseux n'y songent guère... Vous savez bien comment on fait quand on se soucie peu de l'étude et qu'on prête l'oreille à la paresse. On apprend ses leçons sans chercher à les comprendre, et on les oublie aussitôt ; il n'en reste rien dans l'esprit. On feint d'écouter le maître, et l'on ne songe qu'au jeu ; on laisse là son devoir, ou bien on le néglige ; on se fait souffler les réponses par un camarade officieux, qui demandera à son tour le même service ; on lit du coin de l'œil sur le livre ou le cahier de son voisin : et l'on se trouve tout heureux quand ces fautes passent inaperçues ; on se regarde comme fort habile d'avoir mis en défaut la vigilance du maître, et même on s'en fait gloire le plus souvent.

Ne soyez point ainsi, mes chers petits enfants ; faites toujours votre travail le plus consciencieusement possible. En croyant jouer un tour au maître, on s'en joue un à soi-même ; on perd l'occasion de s'instruire ; on refuse un bien qui ne se représentera plus, et l'on s'attire par cette conduite insensée le mépris qui s'attache à l'ignorance et flétrit le paresseux.

43. — L'obéissance.

Quand on vous recommande l'obéissance, mes amis, n'allez pas la regarder comme une chose qui n'est exigée que des petits enfants ;

vous seriez dans une grave erreur. L'obéissance est un devoir pour tous; nul n'en est exempt :

Le serviteur obéit à son maître.

L'ouvrier obéit à son patron , qui se conforme lui-même à la volonté de ceux qui le font travailler.

Le soldat est soumis à des chefs qui relèvent[1] à leur tour d'autres chefs plus haut placés. — Et il en est de même des personnes chargées de vous élever, de vous instruire.

Les ministres de la religion ne se bornent pas à nous prêcher l'obéissance, il sont encore les premiers à en donner l'exemple.

Le bon citoyen regarde comme un de ses principaux devoirs d'obéir aux lois de son pays ; et l'homme de bien, quels que soient, du reste, son rang, sa fortune, sa puissance, sait qu'il s'honore en obéissant à Dieu.

Oui, tous les hommes obéissent, car je pourrais ajouter que les méchants, qui croient se soustraire à la loi commune, obéissent aveuglément à leurs mauvais penchants, dont ils se font même les esclaves.

Mais cherchons plus haut encore un exemple d'obéissance. Ecoutez-moi bien, mes chers amis.

Jésus-Christ priait sur la montagne des Oliviers; c'était la veille de sa passion. Il savait

[1] *Relever*, être sous la dépendance de quelqu'un.

qu'il allait être trahi, vendu par un de ses disciples et lâchement abandonné des autres ; puis, condamné à mort par des juges iniques, malgré son innocence reconnue, — abreuvé de tous les outrages que puisse inventer l'enfer, — livré à des bourreaux qui déchireraient son corps sans pitié ; enfin attaché comme le dernier des scélérats à un infâme gibet qui ne devait même pas le mettre à l'abri de nouvelles insultes ; — il savait toutes ces choses, et son courage en était ému, et il eût voulu alors que ce calice d'amertume passât loin de lui. Mais, pour que l'humanité fût sauvée, il fallait que le sacrifice s'accomplît jusqu'à la fin, et Jésus voulait notre salut. Aussi, malgré l'horreur dont il était saisi, il s'écria : « Mon Père ! mon Père ! que votre volonté soit faite, et non la mienne ! » Et, victime résignée, il se soumit au sort affreux qui lui était réservé, obéissant ainsi jusqu'à la mort.

Eh bien ! mes bons amis, quand on vous dit de faire la volonté de vos parents et de vos maîtres, certes, on ne vous demande rien de pareil, et même ce qu'on exige de vous est tout à votre avantage ; car à qui servira l'instruction qu'on tient à vous voir acquérir, sinon à vous ? Et les vertus dont on veut orner votre enfance, qui en retirera les premiers fruits, si ce n'est vous ? Laissez-vous donc conduire avec la plus grande docilité. L'une des choses les plus importantes dans la vie, c'est de savoir obéir ; apprenez-le donc, et pour marcher plus sûrement dans la voie que je vous indique, rappelez-vous bien qu'obéir à ses maîtres, c'est obéir à ses parents, et qu'obéir à ses parents, c'est obéir à Dieu.

44. — L'Enfant et le Chien.

Le petit Tony avait souvent entendu dire à l'école : « Ne faites point de mal aux animaux, ne les frappez point sans raison, autrement Dieu vous punirait » ; et ces paroles étaient restées gravées dans son cœur. Aussi, n'était-ce jamais sans émotion qu'il voyait ses condisciples jeter des pierres aux chats, aux chiens, aux oiseaux qu'ils rencontraient sur leur chemin.

Un jour qu'il rentrait chez ses parents après la classe, il trouva, en sortant du village, un tout jeune chien abandonné et auquel on avait cruellement cassé la patte. Il en eut pitié, le prit dans ses bras et l'emporta avec lui, bien qu'il eût un bon quart de lieue à faire.

En le voyant arriver, son père, qui était un pauvre bûcheron, lui dit : « Que veux-tu faire de cette vilaine bête, Tony ? Ne sais-tu pas que les chiens mangent du pain, et que le pain coûte cher ? » — Et là-dessus, il se préparait à tuer l'innocent animal. Mais l'enfant pleura, se désola ; sa mère intervint, et fit tant que l'humble cabane compta un hôte de plus. On pansa le blessé; on lui lava la patte et on la lui entortilla d'une guenille : la nature fit le reste.

Ainsi Tony avait deux fois sauvé la vie à son petit protégé. Ce fut lui aussi qui se chargea de lui donner un nom, et, comme il ne savait ni l'histoire ancienne ni la mythologie, il l'appela simplement *Toutou*, comme si le chien eût toujours dû rester petit.

Il n'en fut pas ainsi cependant, car Toutou appartenait à une belle race de chiens, et il arriva à une taille fort respectable. Seulement, on trouvait qu'il mangeait beaucoup ; le bûcheron en fit plus d'une fois la remarque en soupirant, et cette circonstance pouvait devenir fatale au pauvre chien. Mais tranquillisez-vous, mes amis, sur le sort de Toutou. C'était une excellente bête, douée d'autant d'intelligence qu'on puisse en trouver chez son espèce. Il ne resta pas longtemps à charge à ses bienfaiteurs, car il devint non seulement un bon chasseur, mais encore un habile chercheur de truffes [1]. Dès-lors, comme on dit, il eut du pain assuré pour le reste de ses jours ; et le bûcheron, qui, au bout du compte, n'était pas un méchant homme, s'y attacha presque autant que Tony

[1] Dans certains pays, on se sert de chiens pour chercher les truffes.

lui-même. Bref, il fut en quelque sorte regardé et traité comme un membre de la famille.

Le bon chien chérissait surtout son jeune maître, et, sous ce rapport, il aurait pu faire honte à plus d'un ingrat. Il vit cependant avec une espèce de chagrin s'établir, dans la cabane, un hôte de plus, auquel l'enfant faisait beaucoup de caresses. C'était un petit agneau que la femme du bûcheron avait apporté à son fils, et que sa douceur et sa gentillesse rendaient on ne peut plus intéressant. Mais Toutou avait un trop bon caractère : le nuage se dissipa ; il s'attacha lui-même au nouveau venu, et se mit à lui faire des caresses à sa manière.

Ainsi, en dépit de la pauvreté, le bonheur s'établit dans la pauvre chaumière : bêtes et gens semblaient en jouir à l'envi. Il faillit pourtant en être banni au moment où l'on pouvait le moins s'y attendre.

Un soir, Tony, revenu de l'école, conduisait comme de coutume son agneau au bord d'un large fossé dont le bois était en partie entouré. Toutou n'était pas avec lui, contre son habitude ; il était sans doute resté avec le père de famille, dont la journée n'était pas encore terminée. Quoi qu'il en soit, le petit garçon aperçut un loup qui sortait d'un hallier[1], et se dirigeait vers lui à pas comptés. Il s'effraic d'abord ; mais

---

[1] Réunion de buissons fort épais.

l'idée que son agneau peut lui être cruellement
ravi, lui donne du courage ; il amasse des pierres et se met devant lui bien décidé à le défendre.
Il crie, il appelle au secours, et jette des pierres
au loup. Celui-ci, aussi lâche que cruel, s'arrête
d'abord devant cette résistance inattendue ; puis,
poussé par un mouvement de rage, il s'élance
sur son frêle adversaire [1], qu'il renverse et qu'il
va dévorer. C'en est fait de Tony, si le ciel ne se
hâte de lui envoyer un sauveur. Mais le fidèle
Toutou a entendu ses cris; il accourt de la
forêt, d'un bond franchit le fossé, se précipite
sur le loup avec la rapidité de l'éclair, le saisit
à la gorge et le force à lâcher prise. Alors s'en-
gage un combat moins inégal qui, grâce à l'ar-
rivée du bûcheron, se termine bientôt par la
mort du monstre.

L'enfant, qui n'avait été que légèrement
mordu, fut reconduit à la cabane, et revint
peu à peu de son effroi.

On put alors faire au bon chien toutes les
caresses qu'il méritait. Lui, sautait, bondissait
en aboyant, agitait sa queue et ses oreilles en
signe de joie, et léchait les mains de son jeune
maître, comme pour lui dire combien il était
heureux de lui avoir sauvé la vie.

C'est ainsi que le bon Tony fut récompensé
du service qu'il avait lui-même rendu. Vous

---

[1] Faible adversaire.

comprenez bien , mes amis, que s'il n'avait pas eu compassion du pauvre petit chien qu'il avait trouvé autrefois sur la route, le loup l'aurait infailliblement dévoré en cette occasion. Je ne veux pas conclure de là que vous deviez emporter chez vos parents tous les animaux abandonnés qui peuvent se rencontrer sur votre chemin ; il ne s'agit pas de pousser si loin la pitié. Je veux seulement que l'exemple de Tony vous apprenne à devenir plus humains , plus compatissants ; car il me serait bien pénible de vous voir imiter ces enfants cruels qui trouvent un affreux plaisir à faire souffrir d'innocentes créatures que Dieu pourtant nous recommande d'épargner.

45. — Le Prix d'excellence.

C'était une bien bonne école que celle de M. Romain. Il y en avait peu où l'on vît régner tant de silence, tant d'ordre, et où les enfants se montrassent aussi laborieux et aussi honnêtes. C'est que M. Romain aimait ses élèves comme ses enfants, et que ses élèves le chérissaient comme un père ; car ils sentaient qu'il se donnait beaucoup de peine pour les instruire et pour les bien élever.

Pour atteindre plus aisément son but, le digne instituteur employait un système de récompenses et de punitions dont bien des personnes éclairées approuvaient la sagesse, et dont nous dirons quelques mots pour l'intelligence de cette petite histoire.

Les récompenses journalières ou bons points se donnaient au moniteur consciencieux, à l'élève sage et appliqué pendant la classe, à celui qui récitait une leçon sans fautes ou qui présentait un devoir fait avec soin. Disons aussi que les écoliers qui, sans être premiers dans une composition, avaient gagné deux places, recevaient également un bon point.

Les bons points pouvaient servir d'abord à racheter une faute, et l'on en retranchait un à l'élève qui se montrait bruyant pendant les études, ou qui ne savait pas sa leçon, ou qui avait perdu deux places dans une composition. Mais chacun tenait à ses bons points et faisait de grands efforts pour les conserver. On verra bientôt pourquoi.

Les récompenses hebdomadaires étaient des billets de satisfaction dont M. Romain se servait pour encourager les enfants qui, pendant la semaine, n'avaient pas manqué une classe, et n'étaient jamais arrivés après l'heure; ceux qui n'avaient rien laissé à désirer pour la propreté sur eux, dans leurs livres et leurs cahiers; ceux enfin qui s'étaient toujours montrés polis envers leur maître et bienveillants envers leurs condisciples. — Ces billets représentaient aussi un certain nombre de bons points.

Tous les bons points conduisaient aux récompenses mensuelles, consistant en objets nécessaires aux études, tels que plumes, crayons,
portecrayons, papier, petits livres, etc., que
M. Romain distribuait à la fin du mois aux élèves qui lui présentaient cent bons points.

Enfin, comme on tenait note de toutes les
récompenses obtenues, un fort beau livre était
donné, la veille des vacances, à l'élève qui en
avait réuni le plus pendant l'année scolaire.
C'était là le prix d'excellence.

Certes, les jeunes émules se disputaient si
bien toute l'année cette glorieuse récompense,
que celui qui l'obtenait et même ceux qui,
après lui, ne recevaient que des accessits,
avaient tout lieu d'en être fiers. Aussi c'était
un bien beau jour que celui où M. le maire
et M. le curé venaient décerner la couronne
au vainqueur; à son approche, plus d'un cœur
battait de crainte et d'espoir.

Une année, l'une de celles où M. Romain
avait le plus lieu d'être satisfait du travail de
ses élèves, on remarquait dans l'école deux
petits garçons, Alphonse et Constant, qui, tous
deux à la tête de leurs condisciples, différaient
néanmoins beaucoup sous le rapport des dispositions et de la bonne volonté.

Alphonse, qui n'allait chez M. Romain que
depuis la rentrée des classes, était un enfant si
heureusement doué qu'il lui suffisait souvent

de lire deux ou trois fois une leçon pour la
savoir sur le bout du doigt, et qui, pour peu
qu'il voulût s'en donner la peine, était le premier presque à chaque composition. Malheureusement, Alphonse comptait trop sur cette
facilité : il se laissait souvent aller à la paresse,
et riait même des efforts de ses camarades pour
un travail qui lui coûtait si peu de peine. Au
reste, il ne se piquait pas d'être de la plus
grande exactitude à se rendre en classe, surtout
les jours où il n'y avait pas composition. On
lui reprochait aussi de n'avoir pas toujours les
mains et la figure bien propres, et de ne pas
tenir ses cahiers avec un soin suffisant.

Pour Constant, c'était autre chose. Il n'apprenait qu'avec beaucoup de peine, quoiqu'il
sût assez régulièrement ses leçons, et il ne
parvenait guère à la première place que quand
Alphonse s'oubliait. Mais Constant l'emportait
de beaucoup sur son rival pour l'application,
l'exactitude, l'ordre, la propreté, la docilité,
et faisait de plus un excellent moniteur, chéri
de ses camarades.

Or, voici ce qui arriva. Alphonse eut un
grand nombre de bons points, gagnés aux com-
positions et à la récitation des leçons, et croyait
avoir le plus de droits au prix d'excellence :
mais il avait peu de billets de satisfaction, et
ces billets comptaient pour dix bons points à
la distribution des récompenses annuelles. Tan-

dis que Constant, moins favorisé par les com-
positions, il est vrai, avait, outre ses bons
points de récitation, tant de récompenses hebdomadaires que l'avantage devait être de son
côté. Ce fut lui, en effet, qui remporta le
prix.

La déception du vaincu fut grande. « Qui
l'aurait jamais cru, se disait Alphonse avec un
amer chagrin : le prix d'excellence m'a échappé !
Oh ! je le vois trop tard, je n'avais pas lieu
d'être si content des succès faciles que j'ai ob-
tenus dans l'année ; ils ne valent pas l'application soutenue de Constant ; et ce que M. Romain
récompense avant tout, c'est le travail et la
conduite. Il a bien raison. Aussi, à l'avenir,
je veux que, sous ce rapport, on soit content
de moi ; je ne me fierai plus sur ma facilité,
et je ferai en sorte qu'on ne me reprenne ni
sur mon exactitude ni sur ma propreté. »

Alphonse avait pris là une résolution digne
d'éloge, et, ce qui vaut mieux encore, il la mit
à exécution.

L'année suivante, il partagea le prix d'excellence avec Constant, devenu son ami.

---

46. — Danger de se trouver en mauvaise compagnie.

Mme LONGCHAMP. Tu rentres bien tard,
Joseph ; je n'aime pas à te voir rester si longtemps dehors après la classe.

97

JOSEPH. Quelle heure est-*ce* donc, maman?

Mᵐᵉ LONGCHAMP. Quelle heure est-*il*, tu veux dire?[1] — Il est bientôt six heures, mon ami; regarde la pendule.

JOSEPH. C'est vrai. — Vois-tu, maman, je *suis* été...

Mᵐᵉ LONGCHAMP. On dit : *j'ai* été.

JOSEPH. J'ai été un peu sur la place jouer aux billes avec Henri. Il m'avait gagné le matin, et je voulais prendre *mon* revanche.

Mᵐᵉ LONGCHAMP. Dis donc : *ma* revanche.

JOSEPH. Oui, maman. — Après la partie, je voulais rentrer *de suite*...

Mᵐᵉ LONGCHAMP. Rentrer *tout de suite*.

JOSEPH. Oui, tout de suite; mais un gros chien est sorti d'une maison en criant comme un possédé. Il était poursuivi par une vieille panarde, une vieille *coquecigrue*!...

Mᵐᵉ LONGCHAMP. Très-bien, mon fils! qui t'apprend tout cela?...

JOSEPH. Maman, je n'y pensais pas; je te demande *excuse*.

Mᵐᵉ LONGCHAMP. A d'autres! on dit, je te demande *pardon*.

JOSEPH. C'est bien vrai. Je te demande pardon, maman. — Une vieille méchante courait après ce pauvre chien, qu'elle avait *ébouillanté*..

Mᵐᵉ LONGCHAMP. *Echaudé* !

[1] Les barbarismes et les solécismes qui figurent dans cette leçon sont très en usage dans le Languedoc et la Provence.

5

JOSEPH. Qu'elle avait échaudé, et qu'elle assommait à coups de *mouchettes*.

Mme LONGCHAMP. De *pincettes*, tu veux dire.

JOSEPH. Oui, à coups de pincettes.

Mme LONGCHAMP. Eh bien !

JOSEPH. Eh bien ! en voulant courir pour savoir ce que c'était, je *me* suis tombé, et j'ai *coupé* mon pantalon, mais sans me faire *du* mal.

Mme LONGCHAMP. Encore ! dis donc : je suis tombé, j'ai *déchiré* mon pantalon, sans me faire *de* mal.

JOSEPH. Oui, maman, c'est ce que je veux dire ; je fais ces fautes à présent, et pourtant je tâche *moyen* de les éviter.

Mme LONGCHAMP. Oh ! c'est trop fort ! laisse-là ton histoire ! tu parles comme tu ne m'as jamais entendue parler ! je ne veux plus que tu restes sur la place à jouer comme tu le fais depuis quelque temps : c'est là que tu apprends toutes ces jolies choses. Tu n'iras plus qu'avec tes cousins, ou bien tu resteras ici. Tu m'entends ?

JOSEPH. Oui, maman.

Comme on le voit, Joseph avait beaucoup perdu à jouer dans les rues après la classe. Et pourtant, ce n'était pas tout ; à l'imitation des petits polissons, il disait des choses déshonnêtes, jurait parfois, et quand il s'agissait de se battre, il n'était jamais le dernier à prendre des pierres. Ainsi, il ressentait les fâcheux effets du mauvais exemple.

Toutefois, après l'entretien que je viens de rapporter, il s'efforça de se conformer aux recommandations de sa mère, et pendant quelque temps, il fut assez sage. En rentrant de l'école, il évitait avec le plus grand soin de passer sur la place de peur d'être tenté, et on ne le voyait plus qu'avec ses cousins qui étaient des jeunes gens fort bien élevés.

Cependant il lui échappa une nouvelle faute qu'il faillit payer bien cher.

Entraîné un jour par de petits maraudeurs qui lui promettaient une partie de plaisir, il entra dans un jardin qu'il croyait être aux parents de l'un d'eux, et où se trouvaient des fruits magnifiques. Joseph s'étonnait que ses compagnons fussent si pressés d'en emplir leurs poches, et il comprenait encore moins pourquoi deux d'entre eux étaient restés en dehors. Comme il allait en demander la cause, ceux-ci se mirent à crier à tue-tête : « Alerte ! alerte ! sauvez-vous ! ».

Aussitôt les garnements prirent la fuite ; mais le garde champêtre qui les guettait en attrapa deux, et l'infortuné Joseph éprouva le même sort. Il eut beau protester de son innocence et assurer qu'on l'avait trompé, le garde fit la sourde oreille et l'emmena en prison avec les autres.

Je vous laisse à juger quel fut le chagrin de la pauvre mère. Son fils en prison ! cette pen-

1

en toute hâte le garde champêtre, le maire de
la commune, le propriétaire du jardin, assura
que son fils était incapable de commettre une
action aussi coupable, et s'offrit à payer les
fruits et le dommage causé par les maraudeurs,
à condition qu'on rendrait sur-le-champ la
liberté aux prisonniers et qu'on ne donnerait
aucune suite à cette affaire. On voulait d'abord
attendre au lendemain pour que la leçon servît
à d'autres; mais on crut devoir céder aux sup-
plications, aux instances de Mme Longchamp.

Il faisait déjà nuit noire quand Joseph rentra
tout défait à la maison. Que de larmes il versa
en demandant pardon à sa mère! combien il
sentait l'étendue de ses torts! que de promesses
il fit pour l'avenir! Vraiment, il faisait pitié.

— « Je te pardonne, mon fils, lui dit Mme
Longchamp; mais sache que tu m'as cau é
bien du chagrin, et n'oublie jamais ce que
peut coûter la fréquentation des mauvaises com-
pagnies. »

---

47. — Arnold le chevrier.

Quoiqu'il eût à peine quinze ans, Max aimait
la chasse avec une sorte de passion, et ses
parents, qui n'avaient que lui d'enfant, ne
contrariaient nullement ses goûts. Parmi les

jeunes gens de son âge, il n'en était aucun dans le canton qui osât rivaliser avec lui de force, d'adresse et de courage. Quand il s'enfonçait dans les montagnes avec son fusil, il n'en revenait guère sans en rapporter une étonnante quantité de gibier.

Un jour qu'il était parti d'assez bonne heure, il aperçut un chamois[1] sur un roc escarpé, et conçut l'espoir de le tuer. Il se dirigea vers le rocher, et le gravit non sans peine et sans danger; mais le défiant animal avait gagné des lieux plus inaccessibles[2]. Max ne se décourageait pas si vite : il marcha pendant près de cinq heures sur les traces du chamois, en suivant tant de sentiers divers qu'il finit par s'égarer.

Que faire dans ces solitudes ? Pas le moindre châlet[3], pas la moindre cabane ne s'offre à ses regards. Comment regagnera-t-il la maison paternelle ? Il marche, il marche encore sans pouvoir retrouver son chemin. Mais à cette heure du jour, la chaleur est grande même sur ces sommets élevés. Max est à jeun et exténué de fatigue : que ne donnerait-il pas pour avoir un morceau de pain et un verre d'eau !

Cependant, en sortant d'une gorge[4] étroite, ô bonheur ! il entend le son d'une clochette,

---

1 Espèce de chèvre sauvage, qui vit dans les rochers et dans les montagnes. — 2 *Inaccessible*, dont on ne peut approcher.
3 Nom qu'on donne, en Suisse, aux maisons des paysans.
4 Passage entre deux montagnes.

regarde et voit un troupeau de chèvres qui paissait à quelque distance. Il se dirige vers le pâtre, et lui dit : « L'ami, suis-je bien éloigné de la ferme de Walter ?

— De·Walter le riche, demande le pâtre ?

— Oui, de Walter le riche.

— On pourrait y aller en deux heures, mais en suivant des sentiers qui ne sont guère connus que des chevriers.

-- Peu importe, en me les enseignant tu me rendrais service.

— Je te les enseignerai donc; mais je crains bien que tu ne t'y casses le cou. »

Max n'était pas sans un peu d'orgueil. Surpris de s'entendre tutoyer par un chevrier, il regarda plus attentivement son interlocuteur[1] et s'aperçut qu'il changeait de visage. Toutefois, sans trop s'arrêter à cette remarque : « Je suis las à n'en pouvoir plus, lui dit-il ; je souffre à la fois de la faim et de la soif; ne pourrais-tu pas me donner un peu de pain et d'eau ?

— Tu vas être servi à souhait, répondit le chevrier dont les yeux brillèrent à cette demande; assieds-toi d'abord. » Et il présenta au jeune chasseur sa gourde et ce que contenait sa panetière[2]. « C'est tout ce qui me reste, ajouta-t-il ; je regrette de ne pas pouvoir t'offrir davantage »

1 Personne qui converse avec une autre.
2 Petit sac où les bergers mettent leur pain.

Max mangea avec avidité un morceau de pain fort noir et fort dur, et vida la gourde en un clin-d'œil. « Voilà, dit-il, le meilleur repas que j'aie fait de ma vie !... Apprends-moi donc ton nom et ta demeure, mon ami; je serais bien aise de reconnaître le service signalé que tu viens de me rendre si cordialement [1].

— Mon nom est Arnold, comme celui de mon père; j'ai déjà eu l'occasion de te le dire une fois.

— De me le dire une fois ? Mais je ne me souviens pas de t'avoir jamais vu.

— Ma mémoire est plus fidèle; j'ai moins tardé à te reconnaître, moi. Ecoute :

Aujourd'hui je suis orphelin et au service d'un maître. J'étais bien plus heureux, il y a quatre ans. Mon pauvre père vivait encore, et nous possédions un peu d'aisance. Mais un incendie causa notre ruine; mon père en mourut de chagrin et me laissa seul sur la terre !...

Réduit à mendier mon pain, je descendis dans la vallée, espérant que le récit de mon infortune intéresserait en ma faveur. J'allai, en conséquence, frapper à la porte d'une riche habitation; mais qui pourrait le croire ! le fils de la maison, enfant comme moi, au lieu d'ouvrir son cœur à la pitié, appela un énorme chien, et....

[1] De si bon cœur.

— Oh ! de grâce, n'achève pas, je meurs de honte ! Quoi ! celui que j'ai si cruellement traité...

— C'est celui qui vient de te donner le peu de pain qui lui restait pour finir sa journée. Maintenant, souviens-toi donc d'Arnold, qui s'est vengé comme l'eût fait son noble père.

— O Arnold ! pardonne-moi, je t'en supplie ! je ne suis pas méchant comme tu as pu le croire.

— Il y a longtemps que je t'ai pardonné, dit le chevrier en tendant la main au jeune homme ; et d'ailleurs tes larmes me disent suffisamment ton repentir.

Mais le soleil commence à baisser ; il est temps que tu te remettes en marche, si tu veux être de retour avant la nuit. Suis-moi ; je vais t'indiquer les sentiers dont je t'ai parlé. Mon fidèle Fangs veillera sur mon troupeau pendant ce temps-là. »

Max suivit son guide, et bientôt les deux jeunes gens se séparèrent.

Là, heureusement, ne se termine pas cette petite histoire. La conduite généreuse d'Arnold eut la récompense qu'elle méritait ; Walter le riche voulut l'avoir auprès de lui pour servir de compagnon à son fils. Ce ne fut pourtant pas sans peine que le chevrier, qui avait l'âme fière, consentit à descendre dans la vallée. Mais on le supplia tellement qu'il crut devoir céder. Il resta environ deux ans auprès de Max, devenu son ami, et prit ensuite du service à l'étranger, comme avait fait son père, dont il tenait à sui-vre les traces.

---

48. — Les fruits.

L'ENFANT. O papa ! que j'aime mon joli par-terre ! que j'ai de plaisir à soigner mes plantes chéries !

LE PÈRE. Je suis charmé, mon fils, de te voir de pareils goûts.

L'ENFANT. C'est à toi que je le dois : les le-çons que tu m'as données sont pleines d'intérêt pour moi.

LE PÈRE. Ce que je t'ai dit jusqu'ici est fort peu de chose.

L'ENFANT. C'est égal : je voudrais connaître toutes les plantes.

LE PÈRE. Toutes les plantes !

L'ENFANT. Oui, papa, serait-ce donc bien difficile ?

LE PÈRE. Sans doute. C'est une étude qui demanderait un assez grand nombre d'années, et que l'on n'entreprend pas à ton âge. Il te suf-fira de connaître les plus utiles à l'homme.

Reprenons notre entretien d'hier. Nous di-sions des fleurs ?...

L'ENFANT. Qu'en général, elles produisent les fruits, et qu'ainsi elles joignent l'utilité à l'a-grément.

5.

Le Père. Il en est souvent ainsi dans les œuvres de Dieu.

L'Enfant. J'ai compris que les fleurs les moins brillantes ne sont pas celles qui donnent les fruits les moins précieux. Ainsi celles du blé, de la vigne, de l'olivier, du châtaignier n'attirent guère l'attention, et pourtant c'est à ces plantes que nous devons le pain, le vin, l'huile et les châtaignes.

Le Père. Elles sont en cela le symbole[1] du mérite modeste qui donne plus qu'il ne semble promettre.

L'Enfant. Comme la rose, la pivoine, la tulipe, le lis et tant d'autres, sont l'emblème de ceux qui ont plus d'orgueil que d'utilité.

Le Père. N'allons pas si loin; ne faisons pas une guerre injuste à des fleurs qui, par leurs aimables couleurs ou leur doux parfum sont l'honneur de nos jardins. Le dessin, la peinture, la musique, ne sont que des arts d'agrément; mais, pour qu'on les cultive, n'est-ce pas assez qu'ils fassent le charme de la vie ?

Parlons des fruits aujourd'hui, et dis-moi s'ils mûrissent tous à la même époque.

L'Enfant. Non, papa; les uns mûrissent au printemps, d'autres dans l'été, d'autres pendant l'automne.

Le Père. Quels sont ceux que l'on cueille au printemps ?

[1] La figure, l'image.

L'Enfant. Les fraises, les groseilles, les cerises, les prunes.

Le Père. Ceux qu'on récolte en été ?

L'Enfant. Les pommes, les poires, les figues, les abricots, les amandes, les pêches, les noix, les melons, les citrouilles, les pastèques,...

Le Père. N'oublions pas le blé, le maïs, le riz, l'orge, le seigle, ni les haricots, les lentilles, les fèves, les pois chiches; ce ne sont pas les plantes qui nous rendent le moins de services.

Dis-moi maintenant les fruits qui appartiennent à l'automne.

L'Enfant. Les raisins d'abord, puis les châtaignes et les olives.

Le Père. Ce sont, en effet, les principaux fruits d'automne dans nos pays. Mais on récolte encore certaines espèces de poires et de pommes qui achèvent de mûrir l'hiver, des coings, des sorbes, des grenades, des jujubes et de belles figues.

Voilà bien des fruits, et pourtant nous ne les avons pas tous nommés, à beaucoup près. Comment ne pas aimer celui qui nous prodigue tous ces trésors ! Comment ne pas se sentir pénétré pour lui de la plus vive reconnaissance !

L'Enfant. Nous lui demandons tous les jours notre pain quotidien, et ce bon Père ne reste pas sourd à nos prières. Que nous sommes heureux de pouvoir nous dire ses enfants !

Le Père. Ce bonheur est fait surtout pour ceux qui étudient ses œuvres dans toute la simplicité de leur cœur.

Mais, voyons, Dieu n'aurait-il pas pu se borner à produire pour nous une seule espèce de fruits ?

L'Enfant. Sans doute, il l'eût pu ; mais comment aurions-nous fait, nous qui aimons tant le changement ? Pour moi, je n'y trouverais pas mon compte.

Le Père. Je le crois. Tu aurais pu dire aussi que la variété des arbres, des plantes, fait le charme des paysages, et que cette variété n'existerait pas. D'ailleurs, il est des années où certaines espèces de végétaux donnent des produits insuffisants ; mais quand une récolte vient à manquer, d'autres récoltes peuvent s'offrir en compensation. Comment ferions-nous s'il en était autrement ?

L'Enfant. C'est vrai ; je n'y avais pas réfléchi. Je vois bien à présent que la variété des fruits est une nouvelle preuve de la bonté divine.

Le Père. Une autre remarque maintenant. Si les châtaignes mûrissaient pendant l'été, et les fraises, les groseilles, les cerises au milieu de l'hiver...

L'Enfant. Je comprends ; des marrons grillés n'auraient rien de bien attrayant pendant les grandes chaleurs, et une assiette de fraises

ne nous tenterait guère quand nous grelotons
de froid. Dieu nous donne chaque fruit dans la
saison convenable.

LE PÈRE. C'est cela : pour les beaux jours,
les fruits rafraichissants qui se mangent crus;
et, pour l'arrière-saison, les fruits qui se con-
servent et qui, pour la plupart, demandent une
préparation avant de servir à notre nourriture.

L'ENFANT. Ainsi, à mesure qu'on avance dans
l'histoire naturelle, on comprend mieux toute
l'étendue de la bonté de Dieu.

LE PÈRE. Oui, mon enfant, pour bien connaître l'ouvrier, il faut considérer ses œuvres;
cela est tout naturel. Persévérons dans l'étude
que nous avons commencée ; c'est le moyen de
se procurer les joies les plus pures et de se
mettre mieux à même de comprendre et d'acquitter, autant qu'il est en nous, la dette de
reconnaissance que nous contractons de jour en
jour avec le bon Dieu.

49. — La prière du soir.

Deux jeunes serruriers faisaient ensemble leur
tour de France pour devenir plus habiles dans
leur état. Après une absence de quatre ans, pendant laquelle ils avaient travaillé dans la plupart
de nos grandes villes, et appris ce que de bons
et honnêtes ouvriers peuvent apprendre, ils

croyaient toucher au terme de leur voyage et revoir bientôt leur ville natale.

Un soir, fatigués d'une longue marche, ils s'arrêtèrent dans une auberge isolée, où ils se disposèrent à passer la nuit. L'aubergiste avait une mine qui n'était pas faite pour inspirer beaucoup de confiance; mais il était aussi charbonnier, et peut-être était-ce ce qui lui donnait cet air dur et sauvage. Du moins nos jeunes gens finirent par le croire. Ils firent un assez bon repas pour réparer leurs forces, et montèrent dans la chambre qu'on leur avait préparée.

Après avoir poussé la porte, Charles, l'un d'eux, se déshabilla vite en disant : « Ma foi ! mon cher, je suis harassé ce soir, et quoique ce lit me paraisse passablement dur et fait d'une singulière façon, je suis sûr que je ne m'en apercevrai pas longtemps...ouf!...m'y voilà !..fais comme moi, si tu veux m'en croire.

— Tout à l'heure, répondit Frédéric.

— Ah ! bah ! tout à l'heure ! te voilà à genoux, ça va bien te délasser les jambes. Couche-toi donc, imbécile; tu feras bien mieux.

— Tout à l'heure, te dis-je. Je ne veux pas manquer de parole à ma mère, surtout quand je suis sur le point de la revoir ; il me semble que ça me porterait malheur.

— A d'autres ! à d'autres !...mais fais comme tu voudras...aaah ! ..le sommeil me gagne...aaah !...bon soir ! Prie pour nous deux, mon garçon ; je vais dormir pour toi. »

Et là-dessus, Charles se retourna et s'endormit profondément.

Cependant Frédéric continua de prier avec ferveur, et s'assit même ensuite auprès de la table, pour essayer de faire une courte lecture dans un petit livre que sa mère lui avait donné avant son départ, en lui recommandant bien d'en lire tous les jours quelque passage. Mais la nature eut le dessus : sa tête s'appesantit, vint s'appuyer sur ses mains, et il s'endormit à son tour. Ce sommeil lui sauva la vie.

Il y avait environ une heure qu'il dormait ainsi, et sa chandelle était éteinte, lorsqu'il fut réveillé en sursaut par un bruit épouvantable. Le ciel du lit venait de tomber, et le malheureux qui se trouvait dessous poussa quelques cris étouffés qui cessèrent bientôt. Son compagnon, dont l'obscurité augmentait encore la frayeur, essaie de le sauver ; vains efforts ! le ciel de lit se trouve trop pesant, il ne peut le remuer. Il appelle au secours, personne ne répond ; un silence effrayant règne dans la maison. A la fin, il comprend que cette lourde masse a dû être arrangée ainsi par les gens de l'auberge, qui font sans doute métier de tuer et de voler les voyageurs. Les scélérats !.... que faire ? Comment se sauver ? sa mère qu'il espérait embrasser bientôt, son pays, sa famille,

ses amis, se présentent à son esprit; ne les re-
verra-t-il plus ?...Son âme est brisée par la douleur ! Mais il croit entendre monter quelqu'un ;
le désespoir lui donne de nouvelles forces : il
barricade la porte avec une espèce de commode,
une table, des chaises... Mais ces meubles
seront bientôt renversés ! Il va être tué, égorgé
sans pouvoir se défendre !... O ciel ! on chu-
chotte à la porte ; il se croit perdu !...

Cependant la fenêtre peut lui offrir un moyen
de salut. Il y court et l'ouvre avec précaution.
Elle donne sur le jardin; elle paraît bien élevée au-dessus du sol. C'est égal, il n'y a pas à
hésiter. Il saute sans se faire beaucoup de mal,
franchit lestement les haies, et arrive à la
route, où un bruit de voiture se fait entendre;
il est sauvé !

Frédéric reconnut bien qu'il y avait dans son
salut quelque chose de providentiel; aussi sa
première pensée fut-elle de se prosterner et de
remercier Dieu du fond de son cœur. Ensuite
il fit les démarches nécessaires pour venger la
mort de son ami, à qui il rendit les derniers
devoirs, et il reprit tristement le chemin de son
pays.

A quelques jours de là, une bonne mère pressait sur son cœur un fils chéri qu'elle n'avait pas
vu depuis bien longtemps. — Une autre mère
pleurait, mais personne n'essuyait ses larmes !..

50. — Sans le soin et la propreté une maison dépérit bientôt.

Après une demi-journée laborieusement employée à l'auberge du Soleil-d'Or, Bastien, le tonnelier, se disposait à aller chez une autre de ses pratiques, où il était impatiemment attendu. Il avait déjà chargé sur son épaule sa colombe et les plus pesants de ses outils, quand l'hôtesse l'arrêta :

—«Asseyez-vous un instant, Bastien, lui dit-elle ; ne soyez pas si pressé : je ne vous laisserai pas partir que vous n'ayez goûté de mon vin.

— Ma foi ! Madame Gervais, je ne vous refuse pas. J'ai tapé dur depuis ce matin, et un verre de vin ne me fera pas de mal. C'est que, voyez-vous, quand les vendanges approchent, la besogne presse, tout le monde veut être servi à la fois ; il n'y a pas un moment à perdre.

— Bah ! bah ! prenez-en un peu à l'aise ; il ne faut pas se tuer. Tenez, buvez-moi ça et dites-moi ce que vous en pensez. »

Bastien vit que le verre qu'on lui présentait n'était pas d'une propreté irréprochable ; mais, n'osant pas le refuser, il but en faisant une espèce de grimace qui n'échappa pas à l'hôtesse.

— « Qu'est-ce ? lui dit-elle, est-ce que vous ne trouvez pas mon vin bon ?

— Moi ? bien au contraire : par saint Sébastien, mon patron ! je n'en connais pas de meil-

leur; aussi en boirai-je un second coup.....
A votre santé, Madame Gervais !

— A la bonne heure! Eh bien! Bastien,
comment se fait-il qu'avec un vin pareil, qu'avec
de la volaille comme celle que j'engraisse, mon
auberge soit délaissée pour cette espèce de cabaret qui est là en face? C'est à n'y rien comprendre !

— Ah ! voyez-vous, les gens ne sont pas
toujours aussi capricieux qu'ils en ont l'air,
et.....

— Achevez; que voulez-vous dire ?

— Mon Dieu, c'est assez difficile.

— Encore une fois, expliquez-vous.

— Je n'ose pas, j'ai peur de vous fâcher.

— Me fâcher? Ah bien! oui! ne sommes-
nous pas d'anciens voisins; je dirais presque de
vieux amis d'enfance?

— C'est bien vrai; aussi, puisque vous le
voulez, je serai franc.

Vous vous plaignez qu'on aille chez le voisin
d'en face plutôt que de venir chez vous, et moi,
je ne m'en étonne guère. Il ne suffit pas que le
vin soit bon; on tient encore à le boire dans des
verres bien rincés. Puis la plus belle volaille
trouvera peu d'amateurs, si l'on craint qu'elle
n'ait pas été préparée avec un soin suffisant.
Or, c'est ce que votre voisin a parfaitement
compris. Laissez-moi vous donner un conseil,
Madame Gervais... A votre place, moi, je ren-

verrais ce grand fainéant qui flâne à la porte , et j'en ferais autant de votre Marion , toute bonne cuisinière qu'elle est. Je prendrais des gens un peu plus dégourdis ; puis je mettrais ma maison sur un tout autre pied. Croyez bien qu'avec une pareille réforme , vous verriez les gens se presser chez vous comme autrefois... Mais j'ai peur d'en avoir trop dit et de vous avoir fait de la peine. Ne m'en gardez pas rancune, car c'est sans intention, voyez-vous. Adieu, Madame Gervais!»

Là-dessus, Bastien reprit ses outils et s'éloigna.

L'hôtesse s'en aperçut à peine , tant elle était plongée dans ses réflexions. Elle avait reconnu la justesse des paroles de son ancien voisin, et compris que si son auberge avait tant perdu depuis la mort de son mari, elle ne devait s'en prendre qu'à elle seule. Elle résolut donc de mettre à profit les conseils du tonnelier. Elle congédia d'abord ses domestiques, quoi qu'il lui en coûtât, et en prit d'autres plus propres , plus soigneux , plus diligents. Ensuite elle fit balayer la maison depuis le grenier jusqu'à la cave , badigeonner les murs , laver les pavés , nettoyer les vitres, repeindre les croisées, recrépir la façade de la maison , écurer avec le plus grand soin la batterie de cuisine et refaire le jardin qui en avait grand besoin. Elle alla même jusqu'à changer son enseigne, tant elle avait à cœur de faire oublier le passé.

A quelque temps de là, l'honnête Bastien passait devant l'auberge, et la voyant ainsi restaurée, il ne savait trop s'il devait en croire ses yeux. Il entra pour dire bonjour à la maîtresse et lui adresser ses félicitations. « Mon cher Bastien, lui dit-elle, vous m'avez rendu un service d'ami que je n'oublierai jamais. Sans vous, ma maison était perdue ; tandis qu'aujourd'hui, grâce à vos excellents conseils, elle a retrouvé la prospérité qu'elle avait du temps de mon pauvre défunt. Jamais je n'avais vu venir tant de monde ici les dimanches et les jours de fête ; vraiment parfois je crois que c'est un rêve.

— J'en suis enchanté, Madame Gervais, dit le tonnelier ; mais je n'en suis pas surpris ; vous avez suivi l'avis que je vous avais donné à la bonne franquette [1] ; on devait naturellement reprendre le chemin de chez vous. J'ai souvent entendu dire à ma pauvre vieille mère que sans l'ordre et la propreté une maison dépérit bientôt. Votre exemple me montre une fois de plus combien la chère femme avait raison. »

---

51. — Les deux Ouvriers.

André et Joseph, quoique amis d'enfance, ne se ressemblaient guère. Le premier était vif, ardent, impétueux, plein d'adresse et d'intelligence. Le second, au contraire, était mou en

---

[1] Ingénûment, franchement.

apparence, presque maladroit, et il avait,
comme on dit, la tête un peu dure. Mais, en
compensation, il avait beaucoup de constance, de
force de volonté ; quand il avait entrepris quelque
chose, il ne se rebutait guère devant les difficultés. Tandis qu'André, d'un caractère mobile
et léger, se lassait vite quand les choses n'allaient pas à son gré.

Tous les deux avaient appris l'état de menui-
sier ; mais ils différaient beaucoup sous le rapport
de l'habileté, et leur gain journalier devait naturellement s'en ressentir. Les journées d'André
s'élevaient parfois à quatre francs, tandis que le
pauvre Joseph se donnait beaucoup de peine
pour gagner de deux francs à deux francs cinquante centimes. On conçoit qu'au bout de
l'année, les économies du premier auraient pu
être bien plus considérables que celles de son
camarade. Pourtant, les choses ne se passaient
pas de la sorte.

André, fort capricieux, changeait d'atelier
sous le plus léger prétexte, faisait souvent
grève [1] avec d'autres ouvriers turbulents, ne
travaillait jamais le lundi, et ne commençait
guère sa semaine que le mardi dans l'après-midi.
Il était de plus fort dépensier ; il semblait que
l'argent ne lui coûtât rien à gagner ; il aimait le jeu et passait dans les cafés, dans les
tavernes, le temps qu'il dérobait à son travail ;

[1] Refusait de travailler.

si bien qu'au commencement d'une semaine, il ne lui restait rien de la précédente, et c'est à peine s'il parvenait à joindre les deux bouts.

Joseph ne faisait pas ainsi. Depuis cinq ans, il travaillait dans la même maison, où on le gardait surtout à cause de sa bonne conduite. Il passait régulièrement à l'atelier six jours par semaine, et, le dimanche, après avoir assisté aux offices, comme un honnête garçon, il allait faire un tour hors de la ville avec un autre ouvrier aussi rangé que lui. Il ne fréquentait guère le cabaret, la guinguette, et, quand il y allait, par hasard, il y laissait le moins d'argent possible. Mais, en revanche, un mois ne se passait guère sans qu'il déposât une dizaine de francs à la caisse d'épargne.

Le moment arriva où nos deux ouvriers recueillirent le fruit de leur conduite.

Ils tirèrent ensemble au sort et tous deux rencontrèrent un mauvais numéro. Cela était d'autant plus fâcheux que le pays était menacé d'une guerre qui pouvait être longue et sérieuse et qui jetait l'alarme dans bien des familles. Cependant Joseph ne partit pas : du montant de ses économies, il s'était assuré contre les chances du sort. Pour André, il se vit obligé de se rendre sous les drapeaux, quelque mauvaise grâce qu'il mît à obéir à cet ordre.

La leçon était rude pour le pauvre garçon, et cependant, quoiqu'il eût regret de n'avoir

pas été plus sage, tout ne devait pas en rester
là. La discipline militaire l'éprouva rudement,
car il lui en coûtait de se plier à l'obéissance.
Il aurait pu faire son chemin à l'armée comme
tant d'autres ; mais il lui échappait toujours
quelque faute qui l'obligeait à rester dans les
rangs des simples soldats. Sept ans se passèrent
ainsi ; après quoi André revint dans sa famille,
enchanté de pouvoir enfin quitter l'uniforme,
qui ne pouvait guère convenir à un naturel
comme le sien. Il lui fut pénible cependant de
reprendre le rabot et la scie, que ses mains
ne maniaient plus avec la même adresse qu'autrefois ; mais la nécessité l'exigeait : il fallait
bien s'y résoudre.

Qu'était devenu Joseph pendant ce temps-là ?
Joseph, l'honnête Joseph, toujours laborieux,
toujours économe, avait fini par épouser la fille
de son patron, et goûtait les douceurs de la
paternité. Il avait un atelier à son compte, et
employait à son tour des ouvriers, à qui il
donnait l'exemple de l'assiduité au travail. Content de son sort avec juste raison, il disait souvent : « Je ne fais pas de bien gros bénéfices ;
mais j'espère, avec l'aide de Dieu, parvenir à
élever honnêtement ma famille et à mettre mes
vieux jours et ceux de ma femme à l'abri du
besoin. Que me faut-il de plus ? »

C'est beaucoup pour un ouvrier d'être habile
dans son état ; mais le talent ne suffit pas : il

faut encore avoir de la conduite et de l'économie.
Souvenez-vous, mes enfants, de l'histoire
d'André et de Joseph.

---

55. — L'Examen de conscience.

Mme Delorme. Tu vas faire ta prière, mon
cher petit; n'oublie pas de revenir sur la manière dont tu as employé ta journée, et de demander à Dieu pardon de tes fautes.

Alban. Oui, maman; mais je pourrais bien
m'en dispenser, car j'ai été bien sage aujour-
d'hui.

Mme Delorme. J'en suis charmée, mon ami;
cependant tu l'as été peut-être un peu moins
que tu ne penses.

Alban. Comment donc, maman? Je ne vois
réellement pas ce que j'ai fait de mal.

Mme Delorme. Ni moi non plus. Toutefois,
nous le chercherons ensemble, si tu le veux;
il se peut que nous trouvions quelque chose.

Alban. Volontiers. — Voyons un peu...
Je suis arrivé de bonne heure à l'école ce
matin, et tout mon travail était fait. J'ai eu des
bons points pour mes leçons et pour mes devoirs,
et il en a été de même dans l'après-midi. Dans
tout cela il n'y a rien à reprendre, je crois?

Mme Delorme. Non, sans doute.

Alban. N'oublions pas que j'ai été le premier

à la composition d'orthographe. O maman, premier!... quel joli mot!... j'ai donc pu enfin me moquer d'Alfred qui n'a jamais été que cinquième ou sixième !

Mme DELORME. Mon ami, voilà déjà un péché d'orgueil; nous ne devons pas oublier la modestie, même dans la joie du triomphe.

ALBAN. C'est qu'aussi Alfred n'est pas bon camarade : il me taquine toujours; aujourd'hui même il m'a dit encore des choses désagréables. Aussi je me suis plaint, et je l'ai fait punir.

Mme DELORME. Voilà encore qui est mal ; tu as manqué de patience et de charité. Il faut savoir se supporter les uns les autres, et bien se garder d'aller rapporter.

ALBAN. J'en conviens, mais aussi que n'est-il comme Henri? Voilà ce qui s'appelle un bon condisciple ! Tantôt, je ne savais pas très-bien les dernières phrases de ma leçon d'histoire de France; il a eu l'obligeance de m'en souffler une partie et de me faire lire les dates qu'il avait écrites dans sa main ; de sorte que j'ai eu deux bons points pour un.

Mme DELORME. Henri t'a rendu là un fort mauvais office.

ALBAN. En quoi donc, maman?

Mme DELORME. Il t'a aidé à tromper M. Dulac, à lui mentir ; car c'est mentir que de faire croire que l'on sait parfaitement une leçon qu'on n'a pas suffisamment apprise.

6

ALBAN. C'est que, maman, cette fin était fort difficile, et j'y aurais, je crois, passé toute ma récréation que je ne l'aurais jamais bien sue.

Mme DELORME. J'en suis fâchée, mon cher Alban; mais tu as cédé là à un petit mouvement de paresse, et tu as commis un nouveau péché.

ALBAN. C'est vrai; mais Dieu me pardonnera, j'espère, en faveur de l'empressement avec lequel je suis venu t'annoncer que j'étais premier.

Mme DELORME. Cette nouvelle m'a, en effet, causé un bien grand plaisir, et je ne comprenais pas comment tu avais pu arriver si tôt.

ALBAN. O maman! j'étais si content! si heureux!... Vois-tu? à peine étions-nous sortis de classe, qu'au détour d'une rue, j'ai laissé là tous mes camarades, et zest! j'ai pris ma course pour être plus tôt ici.

M^{mo} DELORME. C'est bien; mais étais-tu d'abord en rang avec tes camarades?...

ALBAN. Oui, maman, comme toujours.

Mme DELORME. Et le moniteur?...

ALBAN. Le moniteur? je ne crois pas qu'il m'ait vu.

Mme DELORME. C'est égal, tu as commis une désobéissance et conséquemment un nouveau péché. Puis, s'il t'a vu, il se plaindra demain...

ALBAN. Oui, j'y ai bien songé; mais je lui donnerai une pomme ou quelques billes avant d'entrer en classe, il en sera enchanté, et j'espère qu'il se taira là-dessus.

Mme DELORME. O mon ami ! que dis-tu là ?
Cette pensée est bien coupable ! Quoi ! tu veux
corrompre ton camarade et le mettre dans le
cas de manquer à un devoir, de tromper la
confiance de M. Dulac !...

ALBAN. Maman ! maman ! puisque c'est si
mal, je me garderai bien de le faire, je te le
promets !...

Mme DELORME. A la bonne heure ! n'en parlons plus.

Mon cher enfant nous avons achevé notre
petit examen de conscience, du moins je ne
crois pas nécessaire de le pousser plus loin. Dis-
moi maintenant si tu es toujours aussi content
de toi ?...

ALBAN. Oh ! non, maman, non ! c'est trop
de péchés pour une bonne journée ; j'en suis
réellement confus !

Mme DELORME. A l'avenir, mon cher petit enfant, ne sois donc plus si indulgent pour toi ;
repasse bien en toi-même tes pensées et les
actions de la journée ; ne t'aveugle pas sur ce
qu'elles peuvent avoir de blâmable, on y est
trop naturellement porté, demandes-en pardon
à Dieu en lui offrant ton repentir, et prie-le de
te donner la force de ne plus retomber en faute :
il jettera sur toi un regard de bonté ; sa paix
descendra dans ton âme, et les anges viendront
protéger ton sommeil.

53. — Le Présent intéressé.

Depuis trois ans qu'il était entré au collége d'Amiens, Firmin avait à peine paru à Albert [1], son pays natal; des causes qu'il est inutile de rapporter ici l'en avaient tenu éloigné. Cependant il vint passer les vacances de la troisième année dans la maison paternelle, parfaitement disposé à mettre son temps à profit, comme il est aisé de le concevoir.

Malgré la grande fortune de M. de Gomicourt, son père, Firmin n'était pas fier : il se rappelait avec plaisir ses premiers compagnons d'études; il aimait à les recevoir et à leur donner quelque marque de son attachement.

Guillot fut le premier qui se présenta. C'était un bon garçon, qui avait toujours eu pour Firmin une affection particulière. Cependant, quand il vit le jeune collégien avec son uniforme, il fut un peu intimidé. Mais Firmin allant vers lui et lui serrant cordialement la main : « Bon jour, Guillot, lui dit-il. Je suis à peine de retour dans notre cher village, que tu viens me faire ta visite. Je t'en sais vraiment beaucoup de gré.

GUILLOT. Il m'eût été pénible d'apprendre qu'un autre m'eût devancé.

FIRMIN. C'est agir en bon camarade, et en-

[1] Chef-lieu de canton du département de la Somme, sur la route d'Amiens à Bapaume.

core une fois, je t'en remercie. Voyons, raconte-moi un peu ce que tu as fait depuis mon départ d'Albert.

GUILLOT. Ma foi ! pas grand'chose, si ce n'est que j'ai appris un état ; car ma mère, tu le sais bien, n'est pas assez riche pour me pousser dans les sciences.

FIRMIN. Bah ! ne t'en afflige pas : on peut être heureux sans cela. Et quel état as-tu appris ?

GUILLOT. Celui de jardinier-potager. Je m'occupe aussi un peu des fleurs.

FIRMIN. Je gagerais que tu es habile à manier le louchet [1] et le râteau, car tu as toujours aimé le travail.

GUILLOT. Pas plus qu'un autre ; cependant mon maître d'apprentissage a été content de moi, et déjà je suffis presque à cultiver notre jardin du chemin de Bapaume.

Mais n'oublions pas que je t'ai apporté un petit ou un gros cadeau, comme tu voudras l'entendre ». Et tirant de dessous sa blouse un énorme raifort noir [2] : « Tiens, ajouta Guillot, je n'ai pas oublié combien tu les aimais. C'est le plus gros raifort qu'on ait jamais vu dans le pays et dans toute la Picardie peut-être ; je suis fier de l'avoir semé et cultivé.

[1] Nom qu'on donne à la bêche dans certains pays.
[2] On mange beaucoup de ces raiforts dans le département de la Somme et les pays voisins.

Firmin. En vérité, il est monstrueux !... Je suis vivement touché de ton attention, Guillot ; j'ai, en effet, toujours beaucoup aimé les raiforts noirs. »

M. de Gomicourt, qui était présent à cet entretien, vit lui-même avec plaisir la conduite du bon Guillot : ce qui fait le mérite d'un présent, ce n'est pas sa valeur intrinsèque [1], mais l'intention de celui qui l'offre.

Firmin, à qui son père avait dit deux mots à l'oreille, pria à son tour Guillot d'accepter un fort joli agneau qui paissait dans la cour. Le jeune homme refusa d'abord, il avait peine à croire qu'on parlait sérieusement. Mais voyant l'insistance qu'on y mettait, il accepta, se confondit en remercîments, et reprit, enchanté, le chemin de la maison.

Les nouvelles vont vite, surtout dans les petites localités. On sut bientôt comment Guillot avait eu un mouton pour un raifort, et sa bonne fortune fit plus d'un jaloux. Gaspard, un de ses voisins, résolut d'avoir sa bonne part des libéralités [2] du fils de Gomicourt, et fit ce calcul en lui-même : « Si, pour un raifort, Firmin a donné un mouton, pour une chèvre, il devra donner un ânon, sinon un petit cheval. Or, j'ai une jeune chèvre dont on n'a peut-être pas vu la pareille... Allons trouver mon père,

1 *Valeur intrinsèque*, valeur qu'une chose a par elle-même.
2 Des dons.

et demandons-lui la permission d'en disposer à mon gré ». — Il y alla, en effet, et obtint ce qu'il demandait.

Une heure après, Gaspard passait tout fier et tout pimpant[1] devant la maison de Guillot; il conduisait sa chèvre par la corde et semblait se dire : « Un raifort! quoi! oser offrir un raifort au fils du plus riche propriétaire d'Albert, d'un homme dont on ne connaît pas la fortune ! C'est une honte !... Une chèvre, passe encore, surtout une chèvre comme Bébé ».

Guillot parut sur le seuil de sa porte et lui demanda où il allait.

« Je vais, répondit l'autre, présenter à mon tour mon offrande à notre ami Firmin. J'espère qu'elle lui sera agréable, qu'en dis-tu ?

— Je conviens, dit Guillot, que jamais plus belle bête n'a paru dans le troupeau que le pâtre conduit chaque jour aux communaux. »

Gaspard arriva bientôt chez M. de Gomicourt et offrit sa chèvre à son fils. Il ne manqua pas de faire ressortir la beauté de Bébé, la couleur, la longueur et le luisant de son poil, la forme gracieuse de ses cornes, la jolie tache blanche qu'elle avait au front; il parla longuement de sa docilité, de son intelligence, et surtout de l'abondance et de l'excellence de son lait. Il était aisé de voir qu'il espérait en reti-

---

[1] *Pimpant*, élégant et recherché dans sa toilette.

rer un bon prix. Il finit cependant par s'apercevoir qu'il avait été un peu trop prodigue de
louanges ; et, croyant atténuer l'effet de ses
paroles, il ajouta maladroitement qu'au reste,
en faisant ce présent à son ancien condisciple,
il n'agissait nullement par intérêt.

« On le voit bien, dit M. de Gomicourt en
souriant, Gaspard est un garçon pleinement
désintéressé. Mais, mon ami, va, je te prie,
attacher la chèvre à la porte du jardin, et re-
viens auprès de nous.

— « Bravo ! se dit Gaspard en se dirigeant
vers le jardin, jusqu'ici mes affaires vont à
souhait. » Puis s'adressant à sa chèvre : « Ma
pauvre Bébé, lui dit-il, il m'en coûtera de ne
plus te voir ; mais l'intérêt le commande. Je
me consolerai ; fais-en autant, m'amie. Adieu.»

Et Bébé se mit à brouter, comme pour montrer qu'elle était toute consolée.

Quand Gaspard fut de retour au salon, Firmin lui serra fortement la main et lui dit :
« Mon brave Gaspard, je veux reconnaître la
délicatesse de ton procédé. Ecoute : Bébé est un
animal d'un rare mérite ; eh bien, merveille
pour merveille, c'est justice. Accepte donc ceci
à ton tour, et dis-moi ce que tu en penses. »

L'autre, un peu décontenancé, tendit la
main pour recevoir le présent du jeune collégien. L'objet, assez volumineux, était recou-
vert d'un papier. Gaspard, curieux de savoir

ce que c'était, en ôta l'enveloppe et trouva...
quoi ? l'énorme raifort de l'heureux Guillot !...
Qui eût pu prévoir une si cruelle déception !
Le pauvre garçon changea de couleur deux ou
trois fois de suite, et c'est à peine si ses jambes
avaient la force de le porter.

— « As-tu jamais rien vu de pareil ? lui demanda Firmin.

— Oh ! non..., non, bien sûr, répondit
Gaspard. » — Et il cherchait à cacher son embarras ; il s'efforçait de rire même sans trop
savoir pourquoi ; mais il ne riait, hélas ! que du
bout des dents.

Par bonheur, la cloche du dîner se fit entendre et vint mettre un terme à son supplice. Il
prit congé, et s'en retourna plein de confusion
et de dépit : « *Min fieu* [1], se dit-il, on t'y a
prins [2], mais on ne t'y reprendra *mie* [3]. »

On assure que, pour rentrer chez lui, Gaspard ne passa pas, cette fois, devant la demeure
de Guillot.

---

54. — Le Mazet.

Un pauvre ouvrier de Nimes allait régulièrement le dimanche, avec sa femme, son fils
et quelques amis, passer l'après-midi à son

---

[1] Mon fils. — Ces mots appartiennent au patois picard.
[2] Pris. — [3] Pas.

6.

mazet, situé à peu de distance de la Tour-
magne, cet antique monument dont l'aspect
est si cher aux habitants de la cité qu'il
domine.

Entre un vieux rempart en ruines, des rochers dénués de toute végétation et de fragiles
murailles sèches, construites sans art, vous auriez pu voir un lopin de terre inégal et pierreux
où croissaient, comme à regret, une centaine
de vieux ceps tortus, quelques figuiers nains
et trente à quarante oliviers rabougris. C'est là
ce que le brave homme appelait sa vigne, son
olivette. A l'endroit le plus élevé du chétif
enclos, il avait bâti une petite cabane, une
manière de vide-bouteille qu'il regardait comme
sa villa [1] et qu'il avait magnifiquement entourée
d'un jardin, consistant en une plate-bande bor-
dée de buis, de plantes odorantes, et ornée de
coronilles [2] et de violiers.

C'est dans ce lieu de plaisance, appelé *mazet*,
selon l'usage du pays, que l'honnête artisan allait faire sa partie de boules et se délasser des
travaux de la semaine. Que lui manquait-il
alors pour s'estimer le plus heureux des mortels?
Peu de chose, en apparence; c'était que sa vigne lui offrît un peu plus d'ombre pour se parer
des ardeurs du soleil à l'heure du repas, et lui
permît ainsi de dîner en plein air. Mais la terre

[1] Maison de plaisance.
[2] *Trifolion*, en languedocien.

y était fort rare, et, à moins de faire jouer la
mine, il eût été difficile de pratiquer dans le
rocher un trou suffisant pour recevoir un
arbre.

— « Ah ! disait notre homme en soupirant,
si je pouvais avoir seulement de chaque côté
du mazet un vernis de la Chine, un micocoulier, quelqu'un de ces arbres qui se plaisent
dans les sols arides, je n'aurais rien à envier à
mes voisins, et je ferais, au contraire, plus d'un
envieux.

« Où trouver, en effet, un endroit mieux
placé, et où l'on jouisse de plus beaux points
de vue ?... Je n'ai guère à désirer non plus sous
le rapport du produit. Outre ma provision de
picholines [1] que mes arbres me fournissent presque chaque année, je fais de temps en temps
la valeur de deux *cannes* [2] d'huile ; ma vigne
m'a donné jusqu'à trois dames-jeannes d'excellent vin, et je cueille d'ordinaire quelques pa-
nerées de figues qui, si elles ne sont pas grosses,
n'en sont pas moins fort sucrées. Je doute que
les propriétés voisines rapportent à proportion
autant que la mienne. Mais, encore une fois,
l'ombre y manque, surtout pendant l'été ; et,
pécaïré ! je ne vois pas le moyen de m'en procurer. »

Ces plaintes, où le propriétaire montrait pour

1 Espèce d'olives.
2 Deux décalitres.

son mazet un faible très-commun et bien par-
donnable, furent si souvent réitérées, qu'elles
touchèrent enfin le cœur de son fils Antonin [1].
Bien qu'il ne fût encore que dans sa treizième
année, l'enfant résolut de surmonter toutes les
difficultés et de planter, près de la maisonnette,
les deux arbres tant désirés : « Ce sera long et
difficile, pensa-t-il avec raison, mais j'y met-
trai le temps ; rien ne me presse. Après la classe
du soir, j'ai souvent deux heures dont je puis
disposer ; je ne saurais mieux les employer qu'en
cherchant à faire plaisir à mon pauvre père, qui
travaille toute la semaine et n'a de récréation
que celle qu'il goûte avec nous au mazet. J'irai
prendre chaque jour deux *canastelles* [2] de terre
sur le bord du grand chemin et je les monterai
à la vigne. Puis les pierres que je parviendrai à
arracher serviront à réparer le trou que les
chercheurs de pots cassés ont fait au mur. »

Disons ici, comme éclaircissement, que ceux
qu'Antonin traitait ainsi avec humeur, à l'imitation de son père, étaient des curieux qui,
sous prétexte d'augmenter leurs collections
d'antiques [3] avaient, faute de précautions suf-

1 Antonin, César, Marius, Cincinnatus, Caïus, etc., sont des
noms qui se donnent communément aux enfants dans le Languedoc et la Provence, et qui rappellent l'occupation de ces
intéressantes provinces par les Romains.
2 Deux corbeilles.
3 Choses, vases, statues, médailles, etc., qui viennent des
anciens. Dans ce sens, *antique* est féminin.

fisantes, fait une brèche notable au mur de
pierres sèches, en pénétrant dans la vigne pour
y recueillir quelques débris de poteries romaines, que l'on trouvait alors assez abondamment
de ce côté.

L'enfant mit à exécution son louable dessein.
Vous l'auriez vu tous les jours après la classe,
gravir le coteau, une corbeille de terre sur la
tête, ou s'évertuer à détacher à coups de pic
quelques fragments de rocher. On se riait de
son opiniâtreté, et pourtant elle fut en partie
couronnée de succès, car, grâce aux fentes qui
se trouvèrent par bonheur dans la pierre, il
parvint, au bout de deux mois, à faire un trou
assez grand et à amasser assez de terre pour
planter un micocoulier. — Oh ! avec quelle
effusion [1] son père alors l'embrassa. « Mon cher
enfant, lui disait-il, tu as fait là un vrai travail
de Romain, et je serais presque tenté de crier
au miracle ! »

Antonin était aussi fort heureux de son côté ;
mais il n'était qu'à la moitié de sa tâche : pour
la remplir tout entière, il fallait percer un mur
dont l'origine remontait à une époque fort re-
culée et qui n'était pas moins dur que le roc lui-
même. Que de peine le pauvre enfant se donna
pour entamer la vieille muraille ! Que de fois,
rebuté, découragé par l'impuissance de ses

---

[1] Vive et sincère démonstration d'amitié.

efforts, il fut sur le point d'abandonner son entreprise ! Un jour surtout, il s'était fatigué si
inutilement, qu'il avait fini par jeter loin de lui
son pic en pleurant avec une sorte de rage.
« J'y renonce, dit-il; je m'y tuerais que je n'en
viendrais pas à bout ! »

Là-dessus il essuya son visage ruisselant de
sueur, et en remettant sa blouse, il jeta un coup
d'œil sur son micocoulier comme pour lui demander une consolation : «*Bou Diou !*[1] s'écria-
t-il tout-à-coup, le voilà qui pousse ! »—Et d'un
bond, il arriva au pied du jeune arbre, n'osant
en croire ses yeux.

En effet, une pluie bienfaisante avait pénétré le sol, et le micocoulier, qui était vigou-
reux, commençait à épanouir ses premiers
bourgeons. Antonin fut dans un tel ravissement,
qu'il reprit son pic et se remit de nouveau à
l'œuvre. Mais il attaqua la muraille d'un autre
côté, croyant rencontrer moins de résistance.
Il avait à peine donné une trentaine de coups de
pic, qu'il reconnut qu'une cavité devait se trouver à une faible profondeur. Curieux de savoir
ce que ce pouvait être, il creuse, il fouille,
brise une espèce d'urne cinéraire[2], et trouve
au fond... quoi ?... un trésor ! oui, un véritable trésor, un nombre considérable de médailles
romaines d'or, d'argent, enfouies en cet endroit

---

[1] *Bon Dieu* — [2] Urne qui renferme les cendres d'un corps
brûlé après la mort, selon l'usage des Romains.

depuis quinze siècles peut-être ! Je vous laisse
à penser la joie de l'infatigable travailleur.

Les médailles ne furent pas vendues moins
de dix mille francs. C'était une fortune pour notre ouvrier, qui faillit en perdre la tête. Il son-
geait d'abord à utiliser ces richesses en agran-
dissant son domaine par l'achat de toutes les
vignes voisines, où il se proposait de faire exécuter des fouilles qui devaient, selon lui, ame-
ner la découverte de nouveaux trésors.

Cependant, revenu à des idées plus raison-
nables, il plaça à intérêt le produit de ses médailles, et, sur les conseils de son curé, se
servit d'une partie du revenu pour tenir son fils
plus longtemps à l'école, lui faire étudier le
dessin de fabrique pour lequel il montrait beaucoup de goût, et le placer dans une importante
manufacture.

Antonin fit très-heureusement son chemin.
De simple commis qu'il était d'abord, il devint
fabricant à son tour, et, à force de travail et
d'économie, amassa une honnête aisance dont
ses parents jouirent avec lui.

Toutefois, le mazet n'avait pas été oublié.
Un second arbre y avait été planté, grâce au
secours d'un carrier. Antonin n'a même point
cessé d'y aller avec son vieux père, qui, aban-
donnant la navette pour la pioche, à laquelle
ses mains n'étaient pourtant guère habituées, a
fini par donner à son modeste coin de terre un

aspect vraiment agréable. Le bon fils ne revoit jamais sans une certaine émotion les lieux où son excellent cœur a reçu une récompense si inattendue.

55. — La Cassette mystérieuse.

Un seigneur excessivement riche et dont la bonté égalait la puissance, se plaisait à recueillir les orphelins et à leur tenir lieu de père. Il en avait déjà adopté un grand nombre qu'il aimait de tout son cœur, quoiqu'ils ne fussent pas, à beaucoup près, également dignes de sa tendresse, et il leur avait promis de leur laisser son riche héritage. Un jour, il en établit dix dans un immense domaine, et voulant éprouver leur obéissance, il les appela tous auprès de lui et leur dit : « Mes enfants, pour des raisons que je n'ai pas à vous faire connaître, j'ai déposé à quelque distance d'ici, dans un lieu retiré et connu de moi seul, une cassette enfermant tout ce qu'il est possible de concevoir de plus précieux au monde. Ce riche trésor vous est en partie destiné depuis longtemps. Comme je dois partir demain et vous laisser quelque temps encore ici, allez donc le chercher aujourd'hui. Je ne m'en réserve que la moitié; le reste sera partagé entre ceux qui l'auront trouvé. Et d'abord suivez-moi sur la terrasse de la maison, afin que je vous montre mieux

l'endroit où la cassette est déposée. » Quand
ils furent arrivés sur la terrasse, le bon seigneur
le leur montra et leur indiqua très-exactement
la route qu'ils devaient suivre. C'était un sentier
étroit, difficile, scabreux, et qui, en certains
points, pouvait paraître périlleux à celui qui
n'y eût pas marché d'un pas assez ferme, et
pourtant avec certaines précautions.

« En vérité, mon père, dit l'aîné des enfants,
si vous nous aimiez comme vous le dites, vous
nous auriez épargné cette course pénible, dangereuse. Pourquoi donc l'exiger de nous ? Où
était, je vous prie, la nécessité de placer là
cette cassette ? Pour moi, je me garderai bien
de m'aventurer dans ce chemin perdu ; je renonce sans peine à ma part d'un prétendu trésor,
dont je ne comprends guère l'utilité. Accusez-
moi d'ingratitude, si vous le voulez, peu m'importe ; je reste à la maison ! »

Ces paroles extravagantes affligèrent profondément le bon seigneur, qui se contenta d'éloigner de sa présence ce fils rebelle.

Le second des jeunes gens prit alors la parole,
et dit en baissant les yeux vers la terre : « De
grâce, oubliez cette offense, mon père ! Je ne
sais ce que feront mes frères, mais j'atteste le
ciel que vous trouverez toujours en moi un fils
obéissant.

— Puisse t il en être ainsi ! dit le bon seigneur. Partez donc, ne perdez pas de temps,
afin d'être de retour avant la nuit. »

Mais, à peine sortis de la maison, les jeunes gens ne s'entendirent nullement sur la route à suivre, ni même sur le lieu où ils devaient se rendre, malgré les indications précises qui leur avaient été données. Ils se séparèrent donc en suivant des directions différentes, et en obéissant d'ailleurs à leurs inclinations naturelles.

— « Bah ! dit le troisième des frères, mon père se moque de nous avec son sentier impraticable. Je suis, Dieu merci ! assez grand pour me conduire tout seul. En gravissant cette colline, j'arriverai plus sûrement et avant les autres au lieu qui recèle la cassette mystérieuse. » Il dit ; mais l'orgueil l'égara et le conduisit au bord d'un abîme où le malheureux faillit être englouti.

Le quatrième, qui craignait la fatigue, marchait lentement, à pas comptés : « Ne nous pressons pas, disait-il, nous avons bien le temps d'arriver. » — Le paresseux fit de fréquentes pauses, jusqu'à ce que, fatigué de la chaleur, il s'étendit à l'ombre d'un chêne, où il s'endormit si profondément, qu'il ne s'éveilla qu'au déclin du jour.

Plus actif que son frère, mais aussi plus inhumain, le cinquième s'amusait à dénicher des oiseaux pour les faire souffrir, et il frappait cruellement les animaux qu'il trouvait sur son chemin. Mais en descendant d'un arbre, il se fit une blessure au pied, et eut beaucoup de peine à regagner la maison.

Le sixième côtoyait un ruisseau. S'étant arrêté au bord, il vit que l'eau coulait sur un fond de petits cailloux et de sable, mêlé de nombreuses paillettes d'or. — « Qu'est-il besoin d'aller plus loin chercher un trésor ? pensa-t-il. En voici un tout trouvé. » Et il entra dans l'eau pour recueillir le métal précieux. Mais plus il en amassait, plus il désirait d'en amasser encore ; ses yeux brillaient à chaque rencontre heureuse ; son cœur battait avec violence ; il était dévoré de la soif insatiable de l'or. Oh ! qu'il lui en coûta de s'éloigner de cette solitude ! Qu'il eût aimé à pouvoir y passer ses jours, même en y traînant une existence misérable !...

Je n'ose pas vous parler du septième frère. Le misérable ! un jeune homme de son âge venant à passer par là, il le frappa avec colère, et l'étendit sans vie. — « Chétive créature ! lui dit-il en le voyant à ses pieds, n'es-tu pas d'une race de mécréants, d'une race maudite ? que venais-tu faire dans le domaine de mon père ? mais tu ne souilleras plus la terre de tes pas !...»

Et fier de son affreuse victoire, il oubliait la cassette, espérant même que son père lui saurait gré de sa criminelle action.

Quant au huitième et au neuvième frère, ils ne songèrent qu'à se rendre le voyage agréable. L'un, en longeant la lisière d'un bois, fut séduit

par des fruits vermeils d'une saveur exquise.
Il s'arrêta pour en manger à satiété ; puis il
s'assit sur une molle pelouse auprès d'une source
d'eau limpide, où il se désaltéra avec une sorte
de volupté. Mais la sensualité lui fit perdre sa
part du trésor.

L'autre s'amusa à courir dans la prairie
après de légers papillons, dont les ailes brillaient
des plus vives couleurs. Il cueillit au bord de
l'eau et dans les buissons, des fleurs dont il
fit des bouquets, des guirlandes, des couronnes,
et il oublia pourquoi il était sorti. Hélas ! le
soir, ses papillons étaient morts et ses fleurs
flétries, effeuillées ; il ne lui restait plus que
les traces sanglantes des piqûres qu'il s'était
faites en glissant ses mains dans les buissons.
Il comprit, mais trop tard, où peuvent conduire les plaisirs frivoles.

Cependant le plus jeune de la famille, enfant d'une docilité charmante, avait écouté son
père avec une religieuse attention. Il suivit
fidèlement la route qui avait été tracée, évita
les dangers avec soin, et, pour y parvenir plus
sûrement, il se figurait que son bon père avait
sans cesse les yeux sur lui. Aussi trouva-t-il
la cassette mystérieuse.

Le soir venu, les jeunes gens se présentèrent
devant le bon seigneur, à l'exception de l'aîné,
qui, désespérant de son pardon, avait fui la
maison paternelle et s'était même déclaré ouver-

tement l'ennemi de son bienfaiteur. Ils ne savaient trop, pour la plupart, comment rendre compte de leur conduite. Mais le père, prenant la parole : « Monté au haut de la tour la plus élevée du château, leur dit-il, je vous ai suivis des yeux, mes enfants ; mais quelle n'a pas été ma douleur en vous voyant tous, à l'exception d'un seul, ne tenir aucun compte de mes recommandations expresses. C'était cependant beaucoup plus pour vous que pour moi que vous travailliez. Que celui donc qui a rapporté la cassette en garde la moitié pour lui seul, car je ne reviendrai pas sur ce que j'avais décidé.

Puis, s'adressant en particulier aux plus coupables :

« Quoi ! ajouta-t-il, l'un de vous, dédaignant mes paternelles instructions, ne s'est-il pas engagé dans une route que je vous avais signalée comme une des plus dangereuses, et qui aboutit à un affreux précipice !....

» Un autre se faisait un jeu cruel de tourmenter d'innocentes créatures.

» Un autre, séduit par l'appât de l'or, semblait vouloir s'en faire une idole.

» Et, le dirai-je ? un quatrième, croyant me servir, croyant peut-être travailler pour ma gloire, frappait un malheureux qui allait devenir mon fils adoptif. Misérable ! tu as tué ton frère, et son sang crie vengeance contre toi ! »

Et ces paroles terribles foudroyèrent le coupable qui ne savait où se cacher.

— « Au moins, mon père, dit avec une humilité affectée le second des fils dont nous avons déjà parlé, vous n'avez pas à m'imputer un pareil crime. Vous connaissez mon obéissance, mon respect pour vous, et le ciel m'est témoin...

— Mon fils, n'invoquez pas toujours le ciel; j'aurais mieux aimé vous voir garder le silence en cette occasion. Ne vous ai-je pas vu ? On eût pu croire que vous suiviez le sentier que j'avais indiqué, tandis qu'en réalité, vous marchiez dans un autre, et je ne veux point ici relever toutes les actions mauvaises que vous avez commises, dans l'espoir, sans doute, qu'elles ne seraient pas connues. Loin de moi les menteurs et les hypocrites !... »

Et comme il se disposait à réprimander les moins coupables, il vit qu'ils étaient pleins de repentir et de confusion. Alors, adoucissant sa voix et s'adressant à tous les frères : « Mes enfants, leur dit-il, vous avez bien affligé mon cœur ! Mes bontés me donnaient le droit d'attendre de vous une obéissance qui, en définitive, devait tourner à votre avantage.

» Cependant je ne vous abandonne point encore. Restez dans le magnifique domaine où je vous ai établis ; repentez-vous et travaillez à devenir meilleurs. Je verrai si je dois un jour vous rappeler près de moi et vous mettre en possession d'une partie de l'héritage que je vous avais promis.

» Pour vous, mon fils, dit-il au plus jeune, vous viendrez avec moi dès demain ; vous ne me quitterez plus, vous jouirez auprès de votre père du fruit de votre obéissance à ses commandements. Puisse votre exemple n'être pas perdu pour vos frères !... »

———

Comprenez bien, mes amis, ce que vous venez de lire.

Le seigneur riche et bienfaisant, c'est Dieu ; ses enfants d'adoption sont les hommes, et le trésor qu'il leur promet, le bonheur. Lui seul sait en quoi il consiste et dans quel lieu il l'a placé, et conséquemment lui seul peut nous y conduire. Les hommes, qui soupirent tous après la félicité, devraient donc suivre la voie qu'il leur montre ; mais les uns se révoltent contre sa volonté, et les autres se laissent égarer en chemin par l'orgueil, l'hypocrisie, le mensonge, la paresse, la cruauté, le fanatisme, la cupidité, l'avarice, la sensualité, les plaisirs frivoles...

Est-il donc étonnant qu'un si grand nombre se plaignent de leur sort ? Bienheureux ceux qui marchent dans la voie du Seigneur ! Mais, hélas ! qu'ils sont en petit nombre !

———

56. — Raoul-le-Hutin.

J'aime peu les contes de fées, en général; ils
peuvent être amusants, mais leur utilité a été
trop sérieusement contestée et non sans raison.
Cependant je tiens à vous en dire un qu'on m'a
raconté il y a fort longtemps, et qui nous don-
nera, je crois, matière à une utile réflexion.
Je vais tâcher de le reproduire à peu près dans
les termes mêmes où je l'ai appris. Ecoutez-
moi donc attentivement.

Il était autrefois un petit garçon si emporté,
si querelleur, qu'on le regardait comme un vrai
démon. Il avait nom Raoul, et était fils d'un
fameux baron presque toujours en guerre avec
ses voisins, et que l'on craignait vingt lieues à
la ronde; de sorte que le fils ressemblait au père
autant que son âge le comportait.

Pendant les longues absences du redoutable
baron, Raoul, qui était orphelin de mère, et
qui n'écoutait que sa mauvaise tête, trouvait un
indicible plaisir à se battre avec les enfants du
voisinage; il ne craignait guère d'en attaquer
plusieurs à la fois, et souvent même il parvenait à les mettre en fuite.

Cependant, malgré ses vaillantes prouesses,
le Hutin [1], comme on l'appelait encore, à cause
de son caractère, ne rentrait guère au château

[1] *Hutin*, vieux mot qui signifie *emporté*, *querelleur*.

sans porter des traces des coups qu'il avait reçus de ses ennemis. Mais les contusions, les blessures, au lieu de le corriger, irritaient encore son naturel fougueux. Son gouverneur se désolait d'avoir à conduire un pareil garnement, qui n'écoutait aucune remontrance, et sur qui les corrections eussent été sans effet. Mais comment eût-il écouté son gouverneur ? Il n'écoutait même pas sa marraine, qui pourtant était une fée, et quelle fée !

Quoi ! dites-vous, une fée pour marraine ? Cela est-il possible ?

Mes enfants, je vous dirai une fois pour toutes que tout est possible dans les contes de fées ; que cela cesse donc de vous étonner.

La marraine de Raoul, qu'on appelait Mignonne, à cause de son extrême bonté, était la merveille des fées, l'abrégé de toutes les perfections. Elle était si petite, si petite, qu'il lui arrivait parfois de se cacher dans une rose, avec laquelle elle rivalisait de fraicheur. Rien n'égalait la douceur de sa voix, le charme de son sourire.

Chaque année, au printemps, elle venait, dans un char d'émeraude[1] en forme de conque[2] et traîné par deux brillants papillons, voir son filleul, dont elle cherchait, mais en vain, à adoucir le caractère irascible[3].

1 Pierre précieuse de couleur verte. — 2 Coquille.
3 Prompt à se mettre en colère.

7

Une fois, elle le trouva couché et dangereusement malade par suite des coups qu'il avait reçus la veille, et elle en fut si affectée, qu'elle arrosa de ses larmes le chevet de son lit.

— « Il ne tiendrait qu'à vous, ma marraine, lui dit le jeune châtelain, que ces souffrances me fussent épargnées.

— Que pourrais-je faire pour toi, mon ami?

—Me donner un talisman[1] qui me mit à l'abri de la douleur.

— La singulière demande ! y penses-tu bien, Raoul, mon filleul bien-aimé?

— Oui, ma marraine, j'y pense bien; et, si vous m'aimez réellement, vous me le montrerez en m'accordant ce que je vous demande.

— Eh bien! dit Mignonne en poussant un soupir, prends cet anneau, il a le pouvoir que tu désires; mais je crains bien que tu ne te repentes bientôt de l'avoir à ton doigt ! »

Et, en achevant ces paroles, la fée remonta dans son char d'émeraude, toucha de sa baguette d'or les brillants papillons et disparut dans les airs.

Qui pourrait dire la joie de Raoul? Guéri avec la rapidité de l'éclair et ne conservant que les traces de ses blessures, il regardait son talisman avec ravissement et le couvrait de baisers. «Je pourrai donc, pensa-t-il, me livrer sans gêne

[1] Objet auquel on suppose des vertus surnaturelles.

à mes jeux favoris, battre à mon gré les enfants des serfs, des vilains ! Oh ! je me vengerai des coups que j'ai reçus de cette vile canaille !... »

Raoul se croyait le plus heureux des mortels ; mais il ne tarda pas à comprendre ce que sa demande avait eu d'insensé. En effet, s'il ne devait plus ressentir de douleur, de souffrance, il n'était pas pour cela à l'épreuve des accidents.

Dès le lendemain, il attaqua à coups de pierres une dizaine de petits paysans, qui, après avoir reculé d'abord de quelques pas, se ravisèrent, vinrent à la charge à leur tour, se ruèrent[1] sur lui et le houspillèrent[2] à qui mieux mieux. Puis, voyant qu'il se riait de leurs coups, ils le traînèrent par les cheveux, et le frappèrent avec une sorte de rage. Un chien même se mit de la partie et le mordit en plus d'un endroit. Enfin, les assaillants, effrayés de l'état pitoyable où ils avaient mis le jeune châtelain, prirent la fuite, et se dispersèrent par des chemins différents.

Quant à Raoul, il rentra clopin-clopant[3]; du reste, fort content de sa belle équipée[4]. Il avait été fort maltraité, il est vrai, mais il ne l'avait pas senti, et d'ailleurs, s'il avait reçu de terribles horions[5], il en avait distribué beaucoup qui avaient dû laisser des traces.

---

[1] *Se ruer*, se jeter impétueusement sur quelqu'un.
[2] *Houspiller*, tirailler et secouer quelqu'un pour le maltraiter.
[3] En boitant un peu. — [4] Entreprise irréfléchie, téméraire, dont les suites ne peuvent être que désagréables.
[5] Coups violents sur la tête et les épaules.

— « D'où venez-vous ? lui demanda son gouverneur en l'apercevant.

— De m'amuser, répondit gaîment le petit batailleur. »

Mais presque au même instant : « Grand Dieu ! qu'avez-vous, Raoul ? dit un domestique ; votre nez est de travers comme s'il était cassé !

— Juste ciel ! dit un autre, il lui manque une oreille ! »

Et un autre : « Miséricorde ! on lui a arraché la moitié des cheveux ! »

Le jeune homme crut d'abord qu'on voulait rire ; mais il reconnut avec un vif chagrin qu'on lui avait dit la vérité. Pendant que les enfants lui appuyaient avec violence le visage contre terre, le chien lui avait arraché une oreille sans qu'il le sentît.

Ce n'est pas tout. Le lendemain, Raoul, par distraction, s'estropiait de la main gauche en se servant d'un instrument tranchant, et le soir, il se brûlait tout un pied sans s'en apercevoir. Il lui survint encore d'autres accidents qu'il eût pu éviter, s'il eût été averti par un commencement de souffrance.

Un jour, faute d'avoir éprouvé un peu de malaise dans l'estomac, il pensa mourir suffoqué, pour s'être gorgé de mets qu'il aimait beaucoup.

Plus tard, il fut atteint de la petite vérole,

et elle fit sur lui des ravages affreux. Comme il n'avait point ressenti de fièvre, de mal de tête, il n'avait pas voulu rester au lit et s'était exposé à l'air sans aucune précaution, malgré les recommandations du médecin; si bien qu'il perdit un œil, et qu'il eut le visage couvert d'horribles cicatrices.

Il réfléchit enfin sérieusement sur la vertu de l'anneau qu'il avait reçu de la fée Mignonne et sur l'abus qu'il en avait fait. Il essaya de le quitter; mais l'anneau était si juste, si juste, qu'il semblait ne faire qu'un avec son doigt. « Oh! dit-il, quelle folie d'avoir exigé de ma marraine ce funeste présent! Que deviendrai-je, grand Dieu! si elle ne revient au château qu'au printemps, selon son habitude? Neuf mois encore à attendre! je serai mort bien sûr avant d'aller jusque-là; car, si le talisman peut m'empêcher de souffrir, il ne saurait me garantir de la mort. O ma marraine! ma marraine! que je me repens amèrement d'avoir abusé de votre bonté!... »

Mais la bonne fée n'attendit pas un an pour venir le voir. Elle parut un jour où il se désespérait en jetant un coup d'œil sur ses infirmités et son affreuse laideur.

— « O ma marraine! s'écria-t-il, c'est le ciel qui vous envoie vers moi! Sans vous j'étais perdu. Reprenez, reprenez de grâce le fatal anneau que vous m'avez laissé. Mais comment,

7.

dans l'état horrible où je me trouve, pourrez-vous reconnaître votre filleul !...

— Calme-toi, mon ami, dit Mignonne. Je savais quelles pouvaient être les conséquences de ta demande imprudente, et je viens à ton secours. Reprenons vite le dangereux talisman... Tu le vois, mon pauvre Raoul; la douleur qui causait tes plaintes, tes murmures, a son incontestable utilité : elle est souvent un avertissement salutaire qui peut aider à prévenir bien des maux plus sérieux. Sache donc te soumettre à la loi commune, et ne te plains pas de ce qui, à certains égards, est un bien. Travaille plutôt à t'amender, à corriger ton mauvais naturel, qui, plus que tout autre chose, est la cause de tes malheurs. Jusqu'ici mes remontrances avaient été sans effet...

— Je reconnais mes torts, ma chère marraine; ils sont bien graves : aussi je vous promets, sur mon baptême, d'être dorénavant aussi sage que vous êtes en droit de l'exiger de moi.

— Je crois à ton repentir et à la sincérité de cette promesse. C'est pourquoi je vais récompenser selon mon cœur les bons sentiments que tu fais paraître. »

Et en prononçant ces mots, la fée toucha de sa baguette Raoul, dont la difformité et la laideur disparurent soudainement.

Il avait recouvré sa beauté première; et il avait peine à contenir les élans de sa joie.

Cependant Mignonne lui dit d'une voix émue :
— « Mon ami, apprends maintenant toute la
vérité. Il ne m'était permis qu'à la saison des
roses de sortir du palais de cristal habité par
les fées mes sœurs ; mais, par pitié pour toi,
j'ai enfreint la défense de notre reine, qui m'a
souvent blâmée d'être trop faible pour toi. Quel
sort réservera-t-elle à ma désobéissance ? Je
l'ignore. Toutefois, si tu restes fidèle à la promesse que tu m'as faite sur ton baptême, la reine,
voyant que tu justifies mes bontés, pourra me
pardonner, car sa sévérité ne l'empêche pas d'être
sensible. Mais si tu t'égares de nouveau dans la
mauvaise voie, je crains bien que le séjour de la
terre ne me soit à jamais défendu ! »

Et là-dessus Mignonne se prit à pleurer.
— « Ma bonne, ma chère marraine, dit
Raoul, séchez vos larmes, calmez vos inquiétudes ! Je comprends plus que jamais les devoirs
que m'impose la reconnaissance, et je saurai
les remplir. Je vous l'ai dit, les chagrins que
je me suis attirés par ma faute, m'ont ouvert
les yeux, et j'ai eu honte de moi-même : je ne
suis plus ce Raoul d'autrefois, qui n'écoutait
que sa mauvaise tête, et rendait malheureux
jusqu'à ceux qui, par bonté, prenaient soin de
son enfance. Vous pouvez assurer à votre reine
que, désormais, je marcherai d'un pas ferme
dans le sentier de la vertu. Puisse mon repentir, aussi bien que cette résolution, apaiser sa

colère et ramener auprès de moi la meilleure de toutes les marraines ! »

Ces paroles, prononcées d'une voix ferme, consolèrent Mignonne et ramenèrent le sourire sur son gracieux visage. Elle embrassa tendrement son filleul, lui dit adieu, remonta dans son char d'émeraude et regagna en toute hâte le palais enchanté.

Vous le voyez, mes amis, les contes de fées sont des choses bien singulières. Néanmoins, celui-ci nous apprend que les souffrances dont on murmure quelquefois contre Dieu sont une nouvelle preuve de sa Providence. Un écrivain célèbre l'a dit : « La douleur du corps et les chagrins de l'âme, dont la route de la vie est traversée, sont des barrrières que la nature y a posées pour nous empêcher de nous écarter de ses lois. »

FIN.

TABLE DES MATIÈRES.

Nota — Les sujets des numéros marqués d'une astérisque sont indiqués dans les ouvrages du P. Giràrd.

FIN DE LA TABLE.

Errata.

Page 61 , ligne 5 , prit le partit , *lisez* , le parti.

— 84 , — 16 , remplis, *lisez* , rempli.

NIMES. — Typ. BALLIVET.
Rue de l'Hôtel-de-Ville, 11.

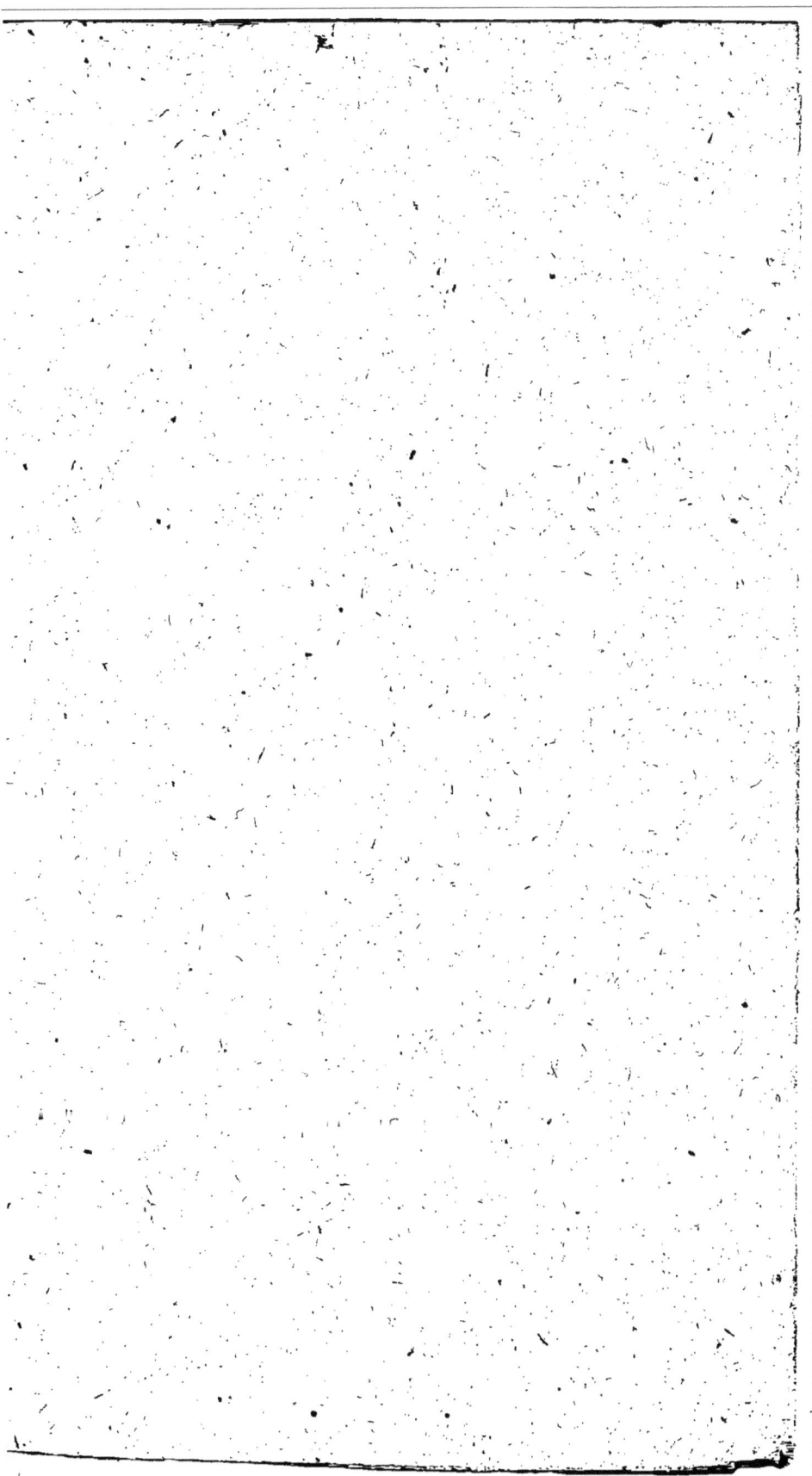

OUVRAGES DU MÊME AUTEUR :

Méthode de Lecture applicable à tous les modes d'enseignement. — *Seconde édition.* — 38 tableaux....... 2 f. 50
   Les quatre premiers tableaux seuls.................... 0 80
   Les deux premiers tableaux seuls.................... 0 30
Manuel à l'usage des élèves. — *Quatrième édition.* —
   Broché.. 0 35
   Cartonné... 0 40
Secondes Leçons de Lecture, présentant, sous la forme la plus élémentaire, une foule de notions utiles, et renfermant un nombre immense de mots dont la connaissance est indispensable pour l'intelligence du français. — *Seconde édition.* — Cartonné............ 0 75
Petit Livre de Lecture courante, destiné à faire suite aux méthodes de lecture les plus répandues dans les écoles primaires. — Première Partie. — *Troisième édition.* — Cartonné............................. 0 70
Exercices gradués de Mémoire, à l'usage des écoles primaires. — Cartonné................................. 0 75
Premières Leçons de Grammaire française, d'après Lhomond et le dictionnaire de l'Académie, avec des modèles d'analyse grammaticale. *Neuvième édition.* —
   Broché.. 0 60
   Cartonné... 0 75
Exercices d'Orthographe et de Syntaxe, pour servir d'application aux règles contenues dans l'ouvrage précédent. — *Seconde édition.* — Cartonné........... 0 80
Corrigé des Exercices d'Orthographe et de Syntaxe.
   Cartonné... 1 75
Premières Leçons d'Arithmétique, avec des problèmes et de nombreux exercices de calcul. — *Quatrième édition.* — Broché.................................. 0 75
               Cartonné..................................... 0 90
Premières Leçons de Musique. — 1 vol. in-8°. —
   Broché.. 1 75
   Cartonné... 2 00
Tableau chronologique des événements principaux de l'histoire de France. — *Seconde édition* 0 75

NIMES. — TYP. BALLIVET, RUE DE L'HÔTEL-DE-VILLE, 11.

www.ingramcontent.com/pod-product-compliance
Lightning Source LLC
Chambersburg PA
CBHW050012100426
42739CB00011B/2613